섬기는 사람, 느헤미야

김형준 지음

죠이선교회는 예수님을 첫째로(Jesus First)
이웃을 둘째로(Others Second)
나 자신을 마지막으로(You Third) 둘 때
참 기쁨(JOY)이 있다는 죠이정신(JOY Spirit)을 토대로
하나님 나라의 확장을 위해 지역교회와 협력, 보완하는
선교단체로서 지상명령을 성취한다는 사명으로 일합니다.

죠이선교회출판부는 그리스도를 대신한 사신으로
문서를 통한 지상명령 성취와 하나님 나라 확장을 위해 노력합니다.

Copyright ⓒ 2007 김형준

본서에 사용한 「성경전서 개역개정판」 느헤미야서의 저작권은 재단법인 대한성서공회 소유로 허락을 받고 사용하였음.

섬기는 사람, 느헤미야

다시 세우는 모든 이에게

세운 것을 허물기는 쉽습니다. 그러나 세우기는 어렵습니다. 없는 데서 새로운 것을 만드는 일에는 창조적 상상력과 리더십과 인내가 필요합니다. 그러나 이 세상은 이러한 일을 사명으로 여기고 최선을 다하는 사람들에 의해서 만들어집니다. 비전의 사람은 상상 속에만 있던 자기의 꿈을 여러 사람에게 전염시켜 함께 한 걸음씩 나가도록 이끌어 현실로 일구어냅니다. 우리는 그렇게 미래를 정복하고 새로움을 만들어왔습니다.

그러나 새로운 것을 만들어내는 것보다 더 어렵고 힘든 일이 있습니다. 이미 무너진 곳을 다시 세우는 일입니다. 한 번 깨어진 꿈을 다시 노래하는 것입니다. 이전에 포기한 것을 다시 시작하는 일입니다. 이것은 훨씬 더 힘이 듭니다. 이미 기대가 깨어져 버렸기 때문입니다. 과거의 실패라는 큰 장애물이 있기 때문입니다. 두려움이라는 늪이 가로막고 있기 때문입니다. 불신이라는 날카로운 파편들이 여기저기 흩어져서 접근하는 사람의 한 걸음마다 고통의 대가를 요구하기 때문입니다. 그것이 오래되어서 사람들 마음속에 이제는 더 이상 할 수 없다는 포기의 확신이 내려지면 절망의 자물쇠로 굳게 닫힌 문을 열고 미래로 나가는 것은 거의 불가능할지도 모룹니다.

현대는 실패한 사람들의 이야기로 가득합니다. 이미 오래전에 절망의 확고한 자물쇠가 채워진 채 녹슬어 버려진 문도 많습니다. 현실이라는 벽에 부딪히고 좌절이라는 암초를 만나 무너진 꿈의 이야기, 깨어진 희망의 아픈 이야기, 눈물이 메말라 에스겔 골짜기에 마른 뼈처럼 널려 있는 포기와 냉소의 이야기가 홍수처럼 우리를 둘러싸고 있습니다. 그래서인지 희망과 용기를 주려는 이야기도 어느 때보다 많이 들려오지만 그것이 내 마음속에 들어와 힘을 주기보다는 나와는 상관없는 남의 이야기처럼 공허한 울림만을 남깁니다. 다시 시작하고 싶지만 상처가 너무 깊고 커서 이미 실패한 것을 다시 세우기란 불가능하고 가망 없는 일이라는 좌절감이 오늘날 우리 마음에 뿌리깊이 자리하고 있습니다. 그리고 전통 교회의 바위와 현대의 변화하는 물결이 서로 부딪치면서 만들어내는 높고 맹렬한 파도. 그 사이에서 우리는 끊임없이 낙담과 실패, 상처를 경험합니다. 그러기에 깨어지는 것이 무엇이며, 다시 시작하는 것이 얼마나 어려운지, 함께한다는 것이 고통의 현실 그 자체라는 것을 피부로 느끼고 있습니다. 그만큼 두렵고 피하고 싶은 도전이지만, 미래를 열어나가기 위해서는 그러한 깨어지고 부서지는 고통을 감수해야 한다는 것이 가장 합리적인 결론임을 또한 인정할 수밖에 없습니다.

나에게도 가정이 무너지는 깊은 아픔과 절망의 시간이 있었습니다. 다시 시작하는 것은 불가능하다고 결론을 내리고 오랫동안 웅

크러 있었지만, 그럼에도 불구하고 다시 세워주시고 오늘에 이르게 하신 하나님께 말로 다 할 수 없는 감격과 감사의 고백이 있습니다.

상처와 절망을 딛고, 과거에 포기했던 일을 다시 이루며, 공동체를 다시 굳건하게 세운 느헤미야의 이야기는 나의 이야기이면서도 우리의 이야기입니다. 아니 이 시대 누구라도 가슴에 깊이 담아야 할 삶의 이야기입니다.

느헤미야는 우리가 어디서부터 어떻게 시작해야 할지를 보여줍니다. 그리고 말라붙은 우리 마음에 왜 다시 해야 하는지에 대한 샘솟는 감동을 줍니다. 느헤미야는 우리가 무너진 꿈을, 가정을, 학교와 직장 현장을, 그리고 교회와 이 민족 공동체를 어떻게 다시 세워나가야 할지에 대해 너무나 구체적이고 섬세하게 알려주고 있습니다. 그리고 무너진 공동체의 문제가 어디서부터 시작되었는지, 문제는 무엇이고 과거에 실패한 이유는 무엇인지, 공동체를 다시 세우고 난 후에는 무엇을 해야 하는지에 대해서도 놓칠 수 없는 교훈과 감동을 줍니다. 그는 지혜로운 사람, 하나님의 사람, 공동체를 사랑하는 사람입니다.

그러나 혼자서는 할 수 없습니다. 이 글을 읽는 모든 이들이 비전을 넘어 공동체를 바라보고, 리더십을 넘어 팔로어십(followership)까지 나아가며, 섬김으로써 자신의 삶이 재구성되는 것을 배우는, 영적 예루살렘의 재건 현장에 주님과 함께 선 동역자가 되시기를 기도합니다.

이 책이 나오기까지 인내와 정성, 그리고 시대적인 사명을 가지고 최선을 다해 준 죠이선교회출판부 가족들께 감사를 드립니다. 책의 출판을 결정하고 기획하는 것부터 섬세하고 예리한 관점으로 정성을 다한 편집과 디자인에 이르기까지 여러 간사님의 노력은 저에게 사랑과 감동이었습니다.

이 땅에서는 그 은혜를 다 갚을 수 없는 영적 멘토이자 기도의 후원자이신 어머니, 그리고 가정과 사역을 함께 세워가는 아내 최은주와 딸 지현이는 느헤미야의 섬김을 삶으로 보여주는 소중한 하나님의 사람입니다. 아울러, 이 시대의 느헤미야가 되고자 함께 기도하는 동안교회의 가족들께도 감사를 드립니다. 마지막으로, 세움의 은혜가 무엇인지 제 삶을 통해 늘 또다시 가르쳐주시는 하나님이 이 모든 일을 이루어 가시는 분임을 고백합니다.

무너진 곳을 다시 세워야 하는 이들을 생각하며
김형준 드림

차 례

다시 세우는 모든 이에게 _ 5
들어가면서 _ 11

1장 | 회복을 꿈꾸다 느헤미야 1:1-5 _ 17
귀를 열라 · 분명한 그림을 가지라 · 하나님께 맡기라

2장 | 하나님을 의지하다 느헤미야 1:5 _ 31
크고 두려우신 하나님 · 언약을 지키시는 하나님 · 긍휼히 여기시는 하나님

3장 | 하나님이 마음을 여실 때까지 느헤미야 1:6-11 _ 45
지속적으로 구하라 · 장애물을 제거하라 · 하나님의 마음을 두드리라

4장 | 꿈을 품은 준비 느헤미야 2:1-6 _ 57
기다림 · 구체적인 계획을 세움 · 성실로 사람을 얻음

5장 | 우리 안에 있는 거침돌 느헤미야 2:7-20 _ 73
예기치 못한 거침돌, 나 · 공동체를 무기력하게 만드는 거침돌

6장 | 함께하는 사역의 자리 느헤미야 3장 _ 89
나에게 그리고 우리에게 동기부여를 하라 · 연합하라 · 격려와 칭찬으로!

7장 | 비판과 반대 앞에서 느헤미야 4장 _ 107
기도로 감정을 처리하라 · 낙심치 말고 더욱 견고히 하라
· 하나님의 일이 방해받지 않게 하라

8장 | 하나님께 마음이 맞춰진 사람 느헤미야 5장 _ 121
문제의 본질이 무엇인가 · 하나님의 관심이 무엇인가
· 하나님 앞에서 나는 어떠한가

9장 | 새로운 도전 느헤미야 6장 _ 135
타협이라는 음모 · 중상모략과 비방 · 거짓 협박

10장 | 성벽 완성, 그 이후 느헤미야 7장 _ 147
프로젝트를 넘어 궁극적 목적을 기억하라 · 축복을 관리하라
· 영성의 자리를 지키라

11장 | 말씀이 선포되다 느헤미야 8장 _ 159
말씀을 사모하다 · 말씀을 깨닫다 · 말씀에 반응하다

12장 | 견고한 언약 느헤미야 9-10장 _ 175
과거를 정리하여 회개하라 · 깨달음을 기록하여 남기라

13장 | 복 받을 사람들 느헤미야 11장 _ 185
자원하는 헌신 · 드러나지 않는 섬김 · 꾸준한 기도

14장 | 분별, 공동체를 지키는 지혜 느헤미야 13장 _ 197
말씀의 가르침 · 거룩한 구별 · 우선순위의 문제

나가면서 _ 213

성경「느헤미야」(개역개정판) _ 217

※ 본문에 사용된 성경은 개역한글판입니다.

들어가면서

그 동안 느헤미야서는 주로 리더십에 관한 통찰을 주는 책으로 알려져 왔다. 물론 느헤미야는 훌륭한 리더로서 우리에게 좋은 역할모델을 보여준다. 그러나 느헤미야라는 한 사람이 있기까지 하나님께서 어떻게 섬세하게 준비해 오셨는지, 그를 어떻게 사용하셨고, 그의 순종을 통해 역사를 어떻게 일구어 가셨는지를 살펴보는 것도 놓쳐서는 안 될 것이다.

성경 전체의 중심은 예수 그리스도시다. 구약의 역사는 그 정점을 향해 달려가고 있다. 그리고 역사를 주관하시는 하나님께서 이스라엘 백성을 선택하시고 준비시켜서 차근차근 진행시키신다. 이러한 전체 맥락을 고려한다면 느헤미야의 예루살렘 성벽 건축이 단순한 건축 사건이 아니라 메시야의 오심을 위한 신앙공동체의 기틀을 마련하는 중요한 사건임을 알 수 있다. 이 책에서 우리는 느헤미야가 성벽을 건축하는 과정과 그 후에 이어지는 사역을 살펴볼 텐데, 그 가운데 하나님의 섭리와 계획하심, 인도하심이 얼마나 분명하고 섬세하게 드러나는지를 보게 될 것이다.

'나비효과' 라는 말이 있다. 중국 베이징에 있는 나비의 날갯짓이 다음 달 미국 뉴욕에서 태풍을 일으킬 수도 있다는 과학이론인데

초기의 작은 변화가 결과적으로 엄청난 변화를 초래할 수 있다는 것이다. 여기서 아이디어를 얻어 동명의 영화로도 만들어졌는데, 영화의 이야기 역시 한 사람이 내린 한 순간의 결정이 그의 생애 전체에 어떤 영향을 주는지를 그리고 있다.

 느헤미야의 삶을 다루기 전에, 그의 삶에 숨어 있는 나비효과를 먼저 언급하고 싶다.

 페르시아로 끌려온 전쟁 포로요 노예였던 유대인, 에스더와 모르드개를 주목할 필요가 있다. 에스더서의 사건이 전개되는 연대는 아하수에로 왕이 통치하던 주전 486-465년이다.

 연대가 정확하지는 않지만 남쪽 유다가 바벨론에 멸망당한 것이 주전 586년, 고레스 왕의 칙령으로 이스라엘 민족이 고향으로 돌아가게 된 것이 주전 537년이라고 본다. 이것이 1차 귀환이고 에스라가 백성을 이끌고 돌아온 2차 귀환이 주전 458년이다. 느헤미야가 예루살렘 성을 재건하기 위해 백성들과 함께 길을 떠난 3차 귀환은 주전 445년으로 본다.

 그러므로 1차 귀환과 2차 귀환 사이에 일어난 에스더의 이야기는 남쪽 유다가 바벨론에 멸망한 지 100년 후의 일이고, 느헤미야의 이야기는 예루살렘 성이 무너진 지 약 140년이 지난 후의 일이다.

 에스더와 느헤미야는 연대적으로 20-40년의 차이가 난다. 느헤미야의 귀환을 허락한 아닥사스다 왕은 에스더를 왕후로 삼은 아하수에로 왕의 아들이다. 아닥사스다가 폐위된 와스디의 아들인지 에스더의 아들인지는 알 수 없으나 분명 에스더와 모르드개의 영향 아래 성장했을 것이다. 무슨 의미인가? 2차 귀환이 시작되는 에스라서 7장 12-26절에는 아닥사스다 왕이 에스라에게 내린 조서가 있는데 이스라엘과 이스라엘의 하나님에 대한 호의가 잘 나타나 있다. 느헤미야가 왕의 술 관원이라는 높은 관직에 올라갈 수 있었던 것도, 왕의 신임을 얻고 예루살렘 성 재건을 위한 여러 가지 편의와 혜택을 받은 것도 우연히 이루어진 것이 아니라는 것이다. 하나님의 섭리 속에 이루어진 일이었다. 느헤미야의 리더십이나 삶의 태도도 중요하지만 느헤미야가 이러한 일을 할 수 있도록 이미 준비해 두신 하나님의 섭리였다.

그렇다면 우리는 무엇을 고백할 수 있는가? 우리 눈에는 느헤미야라는 위대한 한 사람이 보일지 모르나, 하나님의 계획과 섭리라는 관점에서 보면 연약하고 부족한 한 사람을 통하여 구원의 역사를 중단 없이 이루어 가시는 하나님의 열심이 보인다. 하나님은 오늘날 이 시대에도 하나님께 순종하며 위대한 하나님의 역사를 이루어 갈 연약하고 부족한 한 사람을 찾으신다. 보잘것없고 의미 없어 보이는 일이라도 하나님의 원리와 방법을 배우며 하나님의 손에 사용되기를 원한다는 겸손한 고백, 그 고백이 우리에게 필요하다.

책을 읽어나가면서 각자 마음에 자신이 섬기는 공동체를 하나씩 품을 것을 권한다. 공동체는 군중과는 다르다. 많은 사람이 모여 있다는 것은 같으나 공동체는 많은 수에 의미가 있지 않다. 공동체의 의미는 그 공동체 안에 철학이 있고, 생명력이 있고, 목적이 있고,

방향이 있다는 것이다. 공동체에는 비전이 있고, 질서가 있고, 병든 생명을 치유하고 죽은 생명을 되살리며 새로운 생명을 잉태하는 힘이 있다. 그러나 우리가 섬기는 '공동체'가 모두 건강한 공동체로서의 의미를 갖추지는 못했을 것이다. 그런 공동체를 바라보며 때로는 안타까워하기도 하고 또 때로는 체념도 했을 것이다. 여러분을 안달하게 만들고 기도하게 만드는 그 공동체를 마음에 품고 이 책을 읽어나가기 바란다.

하나님은 애굽의 노예로 전락한 이스라엘을 하나님이 원하시는 공동체로 만들기 위해 광야에서 무려 40년을 훈련시키셨다. 기억하라, 하나님의 역사는 공동체를 통해서 이루어진다. 공동체의 회복은 하나님이 원하시는 일이다. 이스라엘 공동체를 세우기 위해 하나님께서 모세와 여호수아, 그리고 수많은 사람을 사용하셨던 것처럼, 우리 마음에 품은 공동체를 위해서도 짧지 않은 시간과 적지 않은 사람이 필요할 것이다. 아마 당신이 필요할 것이다.

느헤미야와 함께, 먼저 나 자신을 하나님 앞에 온전히 세우자. 잃어버린 눈물과 굳어버린 무릎을 다시 회복하고, 하나님께서 예비해 두신 아닥사스다 왕과 같은 보이지 않는 사다리를 발견하자. 이 여행에서 우리는 에스라도 만나게 될 것이다. 산발랏과 도비야도 만나게 될 것이다. 하지만 그보다도, 구체적이고 섬세하게 그리고 끈질기게 구원의 역사를 이끌어 가시는 하나님을 발견하게 될 것이다. 그리고 느헤미야와 같이, 우리를 섬겨주시는 그 하나님께 순종과 섬김으로 사명에 헌신하겠다는 조심스럽지만 진실한 고백을 드리게 될 것이다.

  이 작은 책을 통해 이 땅의 느헤미야들이 많이 일어나 주님께 기도로 나아가기를, 이 땅의 아픔과 고통에 눈과 귀가 열려서 주님의 심장으로 회복의 걸음을 함께 내딛게 되기를 간절히 소망한다.

1장
회복을 꿈꾸다

느헤미야 1:1-5

영향력 있는 사람이 되고자 하는가? 존 맥스웰과 짐 도넌이 지은 「영향력」(낮은울타리 역간)이라는 책에 한 시인의 글이 소개되어 있다.

오늘이 가기 전 내 삶은 수십 명과 만나겠지.
저녁 해가 지기 전 좋고 나쁜 수많은 흔적을 남기겠지.
내가 항상 바라는 소망, 내가 항상 간구하는 기도가 하나 있다오.
주여, 제 삶이 도중에 만나는 다른 삶을 돕게 하소서.

사람은 살아가면서 끊임없이 다른 사람들과 영향을 주고받는다. 다만 차이가 있다면, 서로가 좋은 영향을 주고받느냐 나쁜 영향을 주고받느냐 하는 것이다. 그리고 몇몇 사람에게 영향을 주느냐 아니면 많은 사람에게 영향을 주느냐, 또 그 영향력이 일시적이냐 지속적이냐 하는 것일 뿐이다. 사람은 분명히 혼자서는 살 수 없는 존재다.

이스라엘 백성이 바벨론 포로생활에서 해방되어 고향으로 돌아갔을 때를 배경으로 하는 느헤미야서를 보면, 오랜 포로생활 후에 주어진 익숙하지 않은 자유 때문에 이스라엘 공동체가 분열과 다툼으로 어려웠음을 알 수 있다. 더불어 외부로는 이방인들이 공격해 오는데 방어할 능력이 없어서 성은 무너지고 백성들은 사로잡혀 가는 상황이었다. 이렇게 이스라엘 백성이 패배감과 자괴감 속에서 헤어나지 못하고 있을 때 느헤미야라는 사람이 등장하여 백성과 함께 성벽 쌓는 일을 시작한다. 불가능해 보이는, 그래서 무모하다 싶을 정도로 진행해야 하는 일이 너무나 많았지만 결국은 일을 이루었고, 삶의 터전을 지켰을 뿐 아니라 영적으로도 큰 평안을 누리게 되었다. 나아가 예수님이 오시기까지 유대 백성의 삶에 중요한 영향을 끼친 일들도 이루었다.

가장 어려운 시기에, 결코 쉽지 않은 일을 감당하면서 백성에게 좋은 영향을 주었던 느헤미야의 저력은 어디에서 나왔을까? 우리는 느헤미야 같은 사람, 느헤미야 같은 섬김이 필요한 시대에 살고 있다. 이 시대를 보면서 '이렇게 살아서는 안 된다'는 영적 부담감이 있다면 절반은 성공한 셈이다. 느헤미야에게서 지혜를 배울 수 있다면 다시 일어나는 일은 어렵지 않다. 나의 섬김을 통해서 내가 속한 공동체가 회복되고 나의 인생 여정에서 만나는 사람들이 다시 일어나고 희망을 잃고 깨어졌던 그들이 행복한 미소를 되찾는다면, 그것이 오늘 내가 살아가는 삶의 이유가 된다.

귀를 열라

느헤미야가 자기 민족에게 아름다운 영향을 끼칠 수 있었던 이유는 무엇일까. 느헤미야의 섬김은 역사의 현실에 대해 열려 있었던 '귀'에서 시작되었다. 열린 귀는 곧 역사의식이다. 내가 살고 있는 이곳이 어떤 시대, 어떤 사회인가, 어디로 가고 있는가, 어떤 일이 일어나고 있는가를 의식하는 것이다. 흔히 사람들은 그리스도인을 현실에 눈 감고 하늘 소망만 바라보고 사는 사람이라고 잘못 생각한다. 실제로 많은 그리스도인이 자기와 직접 관계된 일에는 잠시나마 책임을 느끼지만 세계에서 일어나는 다양한 현상에 대해서는 문제점을 절실하게 느끼지 못하고 무관심하다. 그러나 하나님의 마음을 아는 그리스도인은 하나님의 눈으로 역사와 현실을 바라보고 하나님이 기뻐하시는 삶으로 바꾸어나가고자 하므로 시대의 흐름과 사람들 마음의 변화를 읽고 현상 이면의 의미를 파악하는 가운데 하나님께서 맡기신 사명을 발견한다.

우리가 처음으로 만나는 느헤미야는 울고 슬퍼하는 모습이다(1:4). 유다와 예루살렘에 남아 있는 자기 백성이 큰 환란을 당하고 능욕을 받으며 예루살렘 성은 허물어졌고 성문들은 불타버렸다는 소식을 들었기 때문이다.

당시 느헤미야는 예루살렘 성에서 1300킬로미터 정도, 즉 서울-부산 거리의 3배 정도 떨어진 곳에 있었고, 비록 타국이고 이방이지만 대제국 페르시아(바사)에서도 높은 지위에 올라 있었다. 성경 표현에 따르면 '왕의 술 관원'인데, 고대에는 왕을 독살하기 위하여 음식이나 술에 독을 타는 경우가 있으므로 왕이 가장 신뢰하고 총애하는 사람을 가까이 두고 음식을 먼저 맛보게 하였다. 이렇듯 왕을 가까이서 섬기며 국사까지 논의하는, 매우 존경받는 자리에 있었으니 느헤미야는 명예나 지위나 조금도 아쉬울 것이 없는 사람이었다. 망해 버린 조국이 어려움에 처하건 성이 허물어지건 그의 삶은 별로 달라질 것이 없었다. 그러나 느헤미야는 조국의 소식을 전해 준 사람에게 백성들의 형편을 더 자세히 묻는다. 멀리 떨어진 타국의 왕궁에서 별 어려움과 모자람 없이 풍요로운 생활을 하던 느헤미야로서는 유다에서 고통 받는 백성들의 상황을 쉽게 이해할 수 없었을 것이다. 그는 묻고 또 물었다. 관심이 있었기 때문이다. 관심이 없으면 보아도 보지 못하고, 들어도 듣지 못하지만 느헤미야는 조국의 상황과 하나님의 영광에 깊은 관심이 있었다.

정치적으로도 느헤미야는 당시 권력의 핵심부에 있었다. 정치란 모든 초점이 어떻게 권력을 잡을 것인가, 잡은 권력을 어떻게 유지할 것인가에 맞추어져 있는 세계다. 느헤미야 역시 어떻게 왕의 신임을 유지할 것인가가 굉장히 중요한 문제였을 것이다. 당장 권력의 핵심에서 그 자리를 지켜야 하는 느헤미야에게 천여 킬로미터나 떨어진 조국의 사정이 과연 얼마나 중요했을까? 그러나 느헤미야는 관심을 가졌다. 단순히 관심을 보인 것만이 아니라 그 일로 금식까지 하고 괴로워하며 울 정도로 중요하게 여겼다.

권력과 부와 안정된 생활, 필요한 모든 것을 갖췄지만 민족의 운명과 하나님의 영광에 더 큰 관심을 가졌던 느헤미야와 같이, 우리도 자신의 삶에 매몰되지 말고 더 큰 세계, 하나님의 역사에 관심을 가져야 한다. 이 땅의 정치와 경제, 사회와 문화, 그리고 나와 더불어 살아가는 이웃의 소리에 귀를 열어야 한다. 나와 다른 삶을 살고 있는 사람들, 주님을 알지 못하는 사람들에게 귀를 열고 그들의 이야기를 들을 수 있어야 한다. 느헤미야는 역사의식이 있었기 때문에, 즉 민족의 아픔을 듣고 함께 아파하는 열린 귀가 있었기 때문에 새로운 행동을 시작할 수 있었다.

관심이 없으면 행동도 나오지 않는다. 하나님께서 이 역사와 시대를 우리에게 맡기셨다. 우리에게 이 한반도와 다음 세대를 맡기셨다. 이제 그들의 소리에 귀를 기울일 때다. 그래야 그들 가운데서도 하나님의 회복이 시작될 수 있다.

분명한 그림을 가지라

느헤미야는 하나님의 백성이 어떻게 살아야 하는지에 대해 분명한 그림을 가지고 있었다. 느헤미야는 이스라엘이 어떤 민족이며 이들에게 하나님이 어떤 기대를 품고 계신지를 알고 있었다. 그리고 하나님의 기대를 받는 이스라엘 백성이 어떻게 살아야 하는지, 하나님 백성다운 삶이 어떤 것인지도 알고 있었다.

느헤미야가 울며 금식한 것은 현재 동족들의 비참한 상태 때문이 아니라 자기 민족에 대한 분명한 기준 때문이었다.

그는 이스라엘 백성이 "주께서 일찍 큰 권능과 강한 손으로 구속하신 주의 종이요 주의 백성"이라고 기도한다(1:10). 지금 내부적으로 분열되어 서로 다투고 싸우는 모습, 외부의 적이 쳐들어올 때 속수무책으로 무참히 패배하는 모습은 이스라엘 자손다운 삶이 아니었다.

이스라엘 백성은 사명이 있었다. 이사야 42장 6-7절에 "나 여호와가 의로 너를 불렀은즉, 내가 네 손을 잡아 너를 보호하며 너를 세워 백성의 언약과 이방의 빛이 되게 하리니, 네가 소경의 눈을 밝히며 갇힌 자를 옥에서 이끌어 내며 흑암에 처한 자를 간에서 나오게 하리라" 하신 말씀과 같이, 고통과 어려움에 처한 사람들을 이끌어 빛 가운데로 인도하는 사명이다. 이스라엘 백성은 노예로 살거나 아무렇게나 삶을 소모할 민족이 아니었다.

여전히 갈 길을 모르고 헤매는 동족들을 보며 느헤미야는 찢어지는 가슴과 마르지 않는 눈물로 기도할 수밖에 없었다. 이스라엘 백성이 하나님 자녀다운 삶을 누리고 어두운 세상에 빛을 비추며 살아야 한다는 원대한 비전이 있었지만, 정작 눈앞의 그 백성들은 오히려 열방의 조롱거리가 되어 있으니 얼마나 가슴이 아팠겠는가?

한편 우리는 어떠한가? 내가 좀 손해를 입거나 자존심을 다치는 일이 있으면 몸부림치며 괴로워하지만, 하나님의 공동체가 하나님 자녀답게 세상에 드러나지 못하는 것에 대해서는 얼마나 마음 아파하는가? 영혼을 사랑하고 이 땅의 현실에 책임을 느끼며 하나님 영광을 드러내고자 노력하는 모습은 과연 얼마나 있는지. 우리가 이렇듯 내 집, 내 자식, 내 일과 관련한 작은 이익에는 눈에 불을 켜고 매달리면서, 하나님의 계획이 무너지고 하나님의 사랑이 감춰지는 것에 대해서는 그토록 무덤덤한 이유는, 그림이 없기 때문이다. 하나님의 공동체에 대한 분명한 기준과 꿈과 비전이 없기 때문이다.

지난번 교회 선거에서 중직으로 선출된 몇 분이 나를 찾아왔다. 선출은 되었으나 감당할 능력이 없어 직분을 맡을 수 없다는 그들에게 나는 두 가지 질문을 던졌다. "사랑하는 형제님, 자매님! 직분이 여러분의 인격을 나타내고 신분을 나타내는 옷이라고 생각하십니까 아니면 하나님께서 교회를 섬기라고 주신 쟁기라고 생각하십니까?" "구원의 확신이 있습니까? 있다면 하나님께서 여러분을 위해 사신 것처럼 여러분도 하나님을 위해 살아야 할 것입니다. 하나님을 위해 살되 이렇게 직분자로 세워진 것이 여러분이 가진 능력이나 자격, 용기 때문입니까 아니면 하나님 일에 쓰시고자 특별히 훈련시키시는 것입니까?" 부담스러운 마음으로 왔던 그들은 이 말을 겸손히 받아들이고 기도하는 마음으로 돌아갔다. 그들이 이런 고민을 한 것은 직분자에 대한 그림이 있었기 때문이다. 집사, 권사, 장로는 어떠해야 한다는 직분자의 그림과 현재 자신의 모습을 비교해 보고 부끄러움을 느꼈던 것이다. 사실 바람직한 모습이다.

나에게 직분을 주셨다면 그것을 주신 하나님의 뜻이 무엇인지, 하나님이 보고 계신 이 공동체의 더 큰 그림이 무엇인지를 깨닫기 위해 기도해야 한다. 하나님이 나를 목사나 장로, 권사, 집사로 세우셨다면 내가 그 직분을 통해 공동체를 어떻게 섬겨서 하나님의 영광을 드러낼 것인지를 고민하고 노력해야 한다. 리더는 지도자의 직분을 받은 사람이 아니라 공동체를 바라보며 더 잘 섬기고자 애쓰고 기도하는 사람이다. 이런 안타까움이 있을 때 영향력이 흘러나온다. 이제는 직분과 직위로 권위를 행사하는 시대가 아니다. 주어진 권위(given authority)는 없다. 자연스럽게 흘러나오는 영향력을 통해 스스로 얻어낸 권위(earned authority)만이 인정을 받는다.

이제 느헤미야의 통곡을 회복할 때다. 하나님의 백성, 하나님의 공동체로서 마땅히 드러나야 할 삶의 모습이 없는 것을 보고 안타까워하는 마음과 그 기준을 회복할 때다. 분명한 기준과 애통하는 마음, 이것이 선한 영향력을 흘려보내고 새로운 꿈을 꿀 수 있는 중요한 힘이 된다.

1791년 2월 26일, 존 웨슬리가 노예무역 폐지를 위해 투쟁하고 있는 영국의회의 윌리엄 윌버포스에게 편지를 썼다.

> 하나님의 힘이 당신을 키우지 않았다면 당신은 종교와 영국, 더 나아가 인간 본성의 적인 혐오스러운 그 죄악에 맞서 영광스러운 투쟁을 시작하지 못했을 것입니다. 하나님이 바로 이 일을 위해 당신을 키우지 않았다면 당신은 인간의 적과 악마에게 무릎을 꿇었을 것입니다. 하지만 하나님께서 당신 편이면 누가 감히 대적하리요? 하나님보다 강한 자는 어디에도 없습니다. 그러니 선을 행하다 낙심하지 마십시오! 하나님의 이름과 그 강대하심으로 끝까지 나아가십시오. 해 아래 가장 사악한 노예제도가 사라질 때까지……. 어릴 적부터 당신을 인도하신 분께서 이 일뿐 아니라 앞으로도 당신을 강하게 하시기를 기원합니다.

당신의 친애하는 종

존 웨슬리

웨슬리와 윌버포스는 노예제도가 하나님의 기준에 맞지 않는 그림이라는 것을 확신했다. 노예제도는 하나님이 원하시는 모습이 아니었다. 싸움은 힘들지만 이 싸움을 하게 하신 분이 하나님이라는 것을 웨슬리는 보았고, 윌버포스가 이 그림을 잊어버리거나 놓치지 않도록 격려하기 위해 편지를 썼다. 이 편지를 보내고 4년 후, 웨슬리는 세상을 떠났다. 그러나 그의 격려는 심한 고초를 겪고 있던 윌버포스에게 큰 영향을 주어, 끝까지 노예제도 폐지를 위해 싸우도록 만들었다. 결국 1807년 노예무역제도는 폐지되었고, 1833년 윌버포스가 죽고 난 몇 달 후에 영국제국 전역에서 노예제도가 법으로 금지되었다. 웨스트민스터 사원에 있는 윌버포스의 비문에는 이렇게 적혀 있다.

모든 면에서 대중의 편에 선 훌륭한 인물이자

박애를 위해 모든 노력을 기울인 리더

동포의 육체적 영적 필요를 충족시킨 인물

하나님의 축복하심으로

영국에서 노예무역이라는 죄악을 쫓아버린 업적

대영제국의 모든 식민지에서 노예제도 폐지의 길을 닦은 업적

그의 이름은 이런 업적으로 칭송 받으리라!

1. 회복을 꿈꾸다

내가 속한 공동체에서 하나님의 기준에 맞지 않는 모습은 무엇인가? 하나님의 그림에 어울리지 않는 요소는 무엇인가? 하나님은 우리가 그 망가진 그림을 보며 가슴아파하고 애통하기를 바라신다. 하나님의 영광이 가려진 것에 대해 우리가 울기를 바라신다.

하나님의 자녀답게 살고자 할 때 고난과 어려움도 있겠지만, 하나님이 원하시는 삶의 모습을 계속해서 기억하며 인생의 목표로 삼아야 한다. 이 시대의 가정과 교회, 그리고 이 시대가 달라져야 한다고 생각한다면, 바로 나를 통해 그 일이 시작되기를 감히 소망한다면, 우리가 꾸준히 바라보아야 할 분명한 그림을 마음 깊이 품는 일이 먼저 필요하다.

하나님께 맡기라

지금의 현실을 바라보면서 안타까운 마음을 품는 사람은 이 문제를 어떻게 할지를 결정해야 한다. 느헤미야가 민족의 운명을 바꿀 수 있었던 이유는, 이 문제를 가지고 진정한 영향력을 가진 하나님께 나갔기 때문이다.

> 내가 이 말을 듣고 앉아서 울고 수일 동안 슬퍼하며 하늘의 하나님 앞에 금식하며 기도하여 가로되 "하늘의 하나님 여호와, 크고 두려우신 하나님이여. 주를 사랑하고 주의 계명을 지키는 자에게 언약을 지키시며 긍휼을 베푸시는 주여, 간구하나이다"(1:4, 5).

당시 세계 최강의 나라는 바로 메대-바사였다. 지금 느헤미야가 섬기고 있는 왕은 고대 근동뿐 아니라 세계에서 가장 힘 있는 인물이었다. 메대-바사 왕의 영향력과 힘이라면 고향에 돌아가 성을 건축하는 데도 아무 문제가 없을 것이고, 왕은 느헤미야를 무척 신뢰하고 있었으므로 느헤미야가 청한다면 왕이 거절할 이유도 없었다. 그러나 느헤미야는 왕에게 먼저 이야기하지 않았다. 민족의 미래에 가장 본질적인 영향을 줄 수 있는 하나님께 나아가, 왕의 마음을 움직여 역사를 이룰 수 있게 해달라고 구했다.

느헤미야는 이스라엘 민족에게 가장 영향력 있는 존재가 누구인지 정확하게 알았으며, 사람을 움직이는 것보다 하나님을 움직일 때 모든 일이 가능하다는 것을 알고 있었다. 바로 기도의 비밀을 아는 사람의 모습이다. 느헤미야의 생애를 한마디로 요약하자면 기도의 삶이라고 할 수 있다. 그는 기도의 능력을 알고 기도의 능력을 믿었으며 그 비밀을 아는 사람이었다.

느헤미야뿐 아니다. 어두운 역사를 밝힌 수많은 이들과, 자기 운명을 극복하며 하나님 영광을 드러낸 수많은 신앙의 위인을 살펴보면 모두 공통적으로 기도하는 사람이었다는 사실을 알 수 있다.

느헤미야서를 강해한 찰스 스윈돌은 느헤미야 1장이 느헤미야의 기도와 행동이 너무나 잘 어우러진 장이라고 말한다. 그리고 이 기도가 얼마나 중요한지를 4가지 항목으로 설명한다.

첫째, 기도는 무엇보다 하나님께서 일하실 수 있도록 기도하는 이에게 참을성을 줍니다. 우리는 하나님이 일하시기도 전에 먼저 해버리는 경우가 많은데, 기도를 하면 하나님께서 하실 때까지 기다릴 수 있는 마음을 주십니다. 둘째, 기도는 사물의 본질을 보게 합니다. 어떤 일을 행할 때 본질이 아닌 부수적인 것을 보고 생명을 거는 일이 얼마나 많습니까? 지나고 나면 쓸데없는 일에 많은 에너지를 낭비했음을 깨닫게 됩니다. 그러나 기도하면 그 일의 본질이 무엇인지 알게 됩니다. 셋째, 기도는 마음을 안정시켜줍니다. 두려움과 근심이 있으면 기도할 수 없습니다. 기도는 마음에 안정을 주고 평안 가운데 간구할 수 있도록 해줍니다. 마지막으로 기도는 믿음에 생명력을 더합니다. 기도할 때 우리 믿음이 더욱 생명력 있게 살아나 환경을 보지 않고 여건과 상관없이 하나님께서 주신 약속을 붙들고 나갈 수 있게 됩니다.*

나폴레옹 장군이 전쟁을 치를 때면, 고지에 올라가 전쟁을 지켜보며 상황을 분석했다고 한다. 한번은 누가 이길지 아무도 예상할 수 없을 만큼 치열한 접전이 벌어지고 있었다. 여느 때처럼 전투를 바라보고 있던 나폴레옹은 옆에 있는 네이 장군에게 명령했다. "장군, 저기 저 언덕에 농가가 보이시오? 저 농가를 점령하시오!" "아니, 저 농가는 별 쓸모가 없어 보이는데요." "아니오. 내 말대로 하시오! 저 농가를 점령하기 위해서라면 어떤 희생을 치러도 괜찮소. 꼭 사수하시오." 네이 장군은 나폴레옹의 말을 이해하지 못했지만

---

* 찰스 스윈돌, 「함께 일하는 지도자」(생명의말씀사 역간)

명령에 복종했고, 많은 희생을 치러 농가를 점령했다. 결국 그것이 승리의 교두보가 되어 나폴레옹은 전쟁을 승리로 이끌 수 있었다. 승리에 능한 장군은 어디를 거점으로 해야 할지 잘 안다.

영적인 사람은 무엇이 승리의 길인지 아는 사람이다. 남편들에게 묻고 싶다. 자신이 아내에게 가장 영향력 있는 사람이라고 생각하는가? "내 아내는 내 말이면 껌뻑 죽어!" 이렇게 자신 있게 말할 수 있는가? 아내들은 남편에게 가장 영향력 있는 사람인가? 이번에는 자녀들에게 물어보자. 엄마 아빠가 그들에게 가장 영향력 있는 사람인지. 가정의 평화를 위해 '예' 라고 대답할지 모르나, 엄밀히 말하면 그렇지 않다. 나 자신도 스스로에게 선한 영향을 끼치지 못하는데 누군들 내게 절대적인 존재일 수 있겠는가? 내게 가장 영향력 있는 존재는 나를 창조하신 하나님이시다. 내 아내에게 가장 영향을 줄 수 있는 존재는 누구인가? 하나님이다. 자녀에게 가장 영향력 있는 분이 누구인가? 역시 하나님이다. 그렇다면 아내와 자녀를 설득하기 전에 그를 창조하신 하나님의 마음을 먼저 설득하는 것이 맞다.

하나님께서 우리에게 역사를 맡겨주셨다. 내 가정의 역사와 우리 공동체의 역사, 이 시대의 역사에 눈을 뜨고 그 책임을 기꺼이 받아들이자. 그리고 하나님 백성다운 가정, 하나님 백성다운 교회, 하나님 백성이 살아 있는 시대에 대한 분명한 그림을 갖자. 하나님의 기준과 너무 다른 삶의 모습에 괴로워하고 통곡해야 한다. 나아가 전능하신 하나님께 영향력 있는 사람이 되어야 한다. 하나님께 영향력 있는 사람이 된다는 것은 다른 누구에게 영향력 있는 존재가 되는 것보다 훨씬 더 중요하고 본질적인 것이다. 주님이 우리의 기도에 반드시 응답하시도록, 우리의 부르짖음을 외면하실 수 없도록, 하나님께 귀하고 소중한 존재가 되는 것이다. 여기서부터 우리는 회복의 역사를 쓸 수 있다. 여기서부터 우리는 내 삶과 가정, 역사와 민족이 회복하는 일에 디딤돌로 쓰여 장차 그날의 영광을 목도하게 될 것이다.

2장
하나님을 의지하다

느헤미야 1:5

알렉산더 대왕이 전쟁에서 크게 승리한 후, 자신을 도와 전쟁을 승리로 이끈 참모들에게 소원을 한 가지씩 들어주겠다고 했다. 전쟁에 지친 참모들은 편히 쉴 수 있도록 휴가를 주고 고향을 방문할 경비를 지원해 달라고 요청했다. 집을 한 채 마련해 달라고 요청하는 이도 있었다. 그 가운데 데닉이라는 참모는 "대왕이시여, 대왕이 정복하신 나라들 중에 하나를 내게 허락하여주십시오!"라고 요청했다. 뜻밖의 당돌한 제안에 참모들은 모두 놀라 웅성거렸다. 알렉산더 대왕 역시 당황했으나 이내 마음을 가다듬고 말했다. "그대가 원하는 대로 나라 하나를 주겠소. 그대가 나 알렉산더를 나라 하나라도 뚝 떼어줄 수 있을 만한 큰 사람으로 믿었기에 호의를 베푸는 것이오."

믿음은 삶에 놀라운 변화를 일으키는 중요한 요인이다. 믿음은 거세게 밀려오는 운명에 맞설 힘을 주는 창조적인 에너지다. 자기 운명과 환경의 어려움을 극복하고 당대에 영향을 끼친 사람들은 한결같이 믿음의 사람이었다. 느헤미야가 여러 사람의 방해를 실패로 만들고 불가능해 보였던 예루살렘 성을 52일 만에 쌓을 수 있었던 힘, 그리고 건축을 통해 이스라엘의 영적, 도덕적, 역사적 흐름을 바꿀 수 있었던 힘도 상황이 아닌 믿음에서 나온 것이다.

하나님의 백성이 번성해야 할 예루살렘은 성벽이 무너져 내렸고 그곳에 사는 백성들의 마음에도 희망의 성벽이 무너져 내렸다. 비전과 도전이 자라야 할 터전에 상심과 비탄의 잡초만이 무성하고 사명의 성벽은 희미한 흔적만 남은 채로 자포자기와 체념 속에 무의미한 하루하루가 흘러가고 있었다. 눈에 보이지 않는 균열로 점차 허물어져가는 성벽이 이미 익숙해져서 오히려 황폐한 삶이 편안하게 느껴질 정도다. 그것을 다시 세우기란 도저히 불가능해 보여 꿈조차 포기한다.

이때가 바로 느헤미야의 믿음이 필요할 때다. 느헤미야의 믿음은 하나님을 믿되 믿음의 대상인 하나님이 어떠한 분이신지를 잘 아는 믿음이었다. 정신의학자 존 화이트는 「탁월한 지도력」(IVP 역간)이라는 책에서 느헤미야가 하나님의 'can'과 'will'을 믿었다고 평가한다. 느헤미야는 하나님이 자신이 원하는 것을 모두 다 들어주실 수 있는(can) 분이라는 사실을 믿었고, 자신이 간구하고 부르짖는 것을 들어주실(will) 분임을 믿었다는 것이다.

회복의 꿈을 품은 느헤미야는 왕보다 하나님을 더 의뢰했다. 느헤미야가 믿고 의지한 하나님은 어떤 분이신가?

크고 두려우신 하나님

느헤미야가 믿은 하나님은 '하늘에 계신, 크고 두려우신 하나님'이다. 느헤미야는 기도를 시작하면서 "하늘의 하나님 여호와, 크고 두려우신 하나님이여"(1:5)라고 말한다. "하늘의 하나님"이라는 말은 물질적이고 인간적인 이 땅의 신들과 구별되는 절대적인 하나님이라는 의미다. 세상을 통치하시고 주관하시며 인간사를 섭리하시는 하나님이라는 고백이 담겨 있다. 이것은 느헤미야만의 신앙고백이 아니라, 이미 하나님께서 이스라엘 백성에게 주신 고백이었다. 먼 옛날, 광야 생활을 마치고 가나안 정복을 앞둔 이스라엘의 눈에 가나안 족속들은 크고 강대해서 도무지 그 땅을 정복할 수 없을 것만 같았다. 이때 하나님은 모세를 통해 일깨워주신다. "너는 그들을 두려워하지 말라. 너희 하나님 여호와, 곧 크고 두려운 하나님이 너희 중에 계심이니라"(신 7:21). 이스라엘 민족은 곧 힘과 용기를 얻어 하나님을 의지하고 승리를 경험했다.

하늘에 계신 크고 두려우신 하나님은 또한 이스라엘의 하나님이시다. 즉, 이스라엘은 크고 두려우신 하나님의 백성인 것이다. 비록 당시 상황은 주저앉은 꿈과 무너져 내린 희망으로 스스로 일어설 수 없을 만큼 변질하고 타락하여 절망적이었지만 느헤미야는 결코 낙망하지 않았다. 이들은 하나님의 백성이기 때문이다. 하나님의 백성은 축복의 통로로 쓰임 받아야지, 쓰러지고 절망해서는 안 된다. 고향 소식을 듣고 가슴이 타들어가던 느헤미야는 1300킬로미터나 떨어진 곳에서 아무것도 할 수 없는 자신의 신세를 한탄하지 않고, 자신의 생각을 넘어서는 하나님, 자신의 자원을 넘어서는 하나님, 자신의 지혜를 넘어서는 하나님, 천지를 주관하시고 운영하시는 하나님을 기억해낸다. 하나님 앞에 문제를 가지고 나아간다. 문제가 아무리 크고 불가능해 보일지라도 천지를 주관하시는 하나님은 해결할 수 있음을 믿고 고백했다.

느헤미야가 믿은 하나님은 또한 우리가 믿는 하나님이시다.

하나님의 백성인 우리 역시 무너진 채로 살아서는 안 된다. 우리는 축복의 통로이기 때문이다. 그저 살아가는 삶에서 벗어나 하나님께 영광 돌리는 삶을 살아야 한다. 내 힘으로 애써 할 것이 아니라 불가능을 가능케 하시는 하나님을 바라봐야 한다. 문제가 아무리 커 보이고 해결의 길이 보이지 않아도, 우리 하나님이 문제보다 크시고 능히 다스리실 수 있는 전능하신 하나님이라는 사실을 흔들림 없이 믿기만 하면 아무것도 문제될 것이 없다.

태풍 가운데 바다 위를 걸어오시는 예수님을 보고 베드로는, "나를 명하사 물 위로 오라 하소서"라고 말한다. 이 말에는 자연을 통치하시는 전지전능한 신이며 또한 베드로를 명하여 인생의 물 위를 걷게 하시는 능력의 하나님에 대한 믿음과 기대가 담겨 있다. 주님께서 베드로에게 오라 하시자 베드로는 물 위를 걸었다! 크신 하나님을 바라보며 물 위를 걷던 베드로는, 그러나 태풍이 몰아치고 파도가 밀려오는 것을 보고는 두려운 마음에 믿음을 잃고 만다. 태풍이라는 현실이 예수님을 시야에서 가려버리자 물속에 빠져 허우적대야 했다.

문제 앞에서 하나님을 신뢰하지 못하는 것은 믿음이 아니다. 왜 믿지 못하는가? 내가 가진 물질과 지식, 지혜로는 성립이 안 되기 때문인가? 만약 인간의 한계 안에 존재하는 하나님이라면 믿을 필요가 없다. 그런 하나님이라면 사귐과 이해의 대상은 될지언정 믿음의 대상은 될 수 없다. 인간을 뛰어 넘는 하나님, 절박한 문제 앞에서 해결할 방법을 가지고 계신 지혜의 하나님, 전능하신 하나님을 다시 찾는다면 느헤미야가 경험한 기적이 우리 삶에서도 일어날 것이다. 느헤미야는 이 믿음으로 역사를 바꾸었다.

언약을 지키시는 하나님

느헤미야가 믿은 하나님은 약속을 지키시는 '언약의 하나님' 이다. 1장 5절에 "주를 사랑하고 주의 계명을 지키는 자에게 언약을 지키시[는] …… 주여"라고 고백하고 있다. 지금 삶의 환경만 보면 희망이 보이지 않고 더 살 힘도 없지만, 희망이 보이지 않는 순간에 하나님의 약속을 붙들고 다시 일어날 수 있다면 약속은 희망이 된다. 느헤미야의 희망은 무엇이었는가? 하나님은 신실한 분이라는 사실, 한 번도 약속을 어긴 적이 없으시고 하신 약속은 반드시 지키는 분이라는 사실이 느헤미야의 희망이었다. 그래서 담대하게 주님 앞에 나가 강하게 기도했다. 이 민족이 당하는 어려움은 하나님과 약속을 지키지 않아서 겪는 것임을 고백하고, 하나님과의 약속을 다시 회복한다면 원래 모습을 회복시켜주시리라 믿고 간구했다.

느헤미야가 붙든 하나님의 약속은 무엇인가? 신명기 7장 9절은 "그런즉 너는 알라. 오직 네 하나님 여호와는 하나님이시요 신실하신 하나님이시라. 그를 사랑하고 그 계명을 지키는 자에게는 천 대까지 그 언약을 이행하시며 인애를 베푸시되"라고 한다. 그리고 12-15절에서 "너희가 이 모든 법도를 듣고 지켜 행하면 네 하나님 여호와께서 네 열조에게 맹세하신 언약을 지켜 네게 인애를 베푸실 것이라. 곧 너를 사랑하시고 복을 주사 너로 번성케 하시되 네게 주리라고 네 열조에게 맹세하신 땅에서 네 소생에게 은혜를 베푸시며 네 토지소산과 곡식과 포도주와 기름을 풍성케 하시고 네 소와 양을 번식케 하시리니 네가 복을 받음이 만민보다 우승하여 너희 중의 남녀와 너희 짐승의 암수에 생육하지 못함이 없을 것이며 여호와께서 또 모든 질병을 네게서 멀리하사 너희가 아는 바 그 애굽의 악질이 네게 임하지 않게 하시고 너를 미워하는 모든 자에게 임하게 하실 것이라"고 하신 말씀은 이스라엘에게 주신 약속이다.

성경은 약속으로 가득 차 있다. 구약은 메시야가 오실 것에 대한 약속으로, 신약은 약속의 성취로 오신 메시야와 다시 오실 메시야에 대한 약속으로 가득하다. 약속의 궁극적인 초점은 구원이다. 우리를 그냥 내버려두지 않으시겠다는 약속, 죄 가운데 버려져 있던 우리를 고아와 과부처럼 홀로 두지 않으시고 하나님 자녀로 삼으시겠다는 구원의 약속이기 때문이다.

베드로는 자신의 설교를 듣는 수많은 군중에게 약속을 상기시켰다. "이 약속은 너희와 너희 자녀와 모든 먼 데 사람 곧 주 우리 하나님이 얼마든지 부르시는 자들에게 하신 것이라"(행 2:39). 약속의 대상에는 지금의 우리도 포함되어 있다. 이 약속은 누구든지 주를 붙들고 의지하며 주께 나아가는 자에게 베푸시는 하나님의 은혜인 것이다. 예수를 부인했던 베드로도 약속대로 용서를 받고 하나님께 다시 쓰임 받고 있다. 약속대로 놀라운 약속의 말씀을 증거하고 있는 것이다. 어떤 죄, 어떤 절망, 어떤 결핍 가운데 있다 할지라도 구원의 약속을 붙들고 다시 일어서는 사람은 반드시 구원해 주신다는 것이 바로 우리 희망이다.

존 번연이 지은 「천로역정」에 보면 '그리스도인' 과 '희망' 이라는 두 사람이 길을 가다가 '절망' 이라는 거인에게 잡히는 장면이 나온다. 거인이 두 사람을 '의혹의 성' 깊은 지하실에 가두어버리자 두 사람은 빠져나갈 길 없는 막막한 현실에 놓인다. 그때에 그리스도인이 가슴속에서 무언가를 찾아낸다. 바로 '약속' 이라는 열쇠다. 시험 삼아 육중한 문을 열어보니 문이 열렸다. 그가 의혹의 성에서 문에 부딪힐 때마다 이 열쇠는 나아갈 길을 만들어주었고 결국 성을 빠져나갈 수 있었다.

견고하게 닫힌 절망의 성에 부딪혀 의심과 낙심이 몰려올 때 우리는 하나님의 약속을 기억해야 한다. 약속을 믿는 자에게 베풀어 주시는 아름다운 구원의 손길을 경험해야 한다.

오늘 우리가 믿는 하나님은 어떤 하나님인가? 내가 저지른 죄 때문에 약속을 파기하시는 분인가? 하나님께 부끄러운 일을 했을 때에는 나를 붙들지 않으시는 분인가? 그런 분이 아니시다. 어떤 상황에서도 약속을 붙들고 주장하며 나아가면 축복과 함께 신실함으로 동행하시는 분, 하나님은 그런 분이시다.

긍휼히 여기시는 하나님

느헤미야가 믿은 하나님은 '긍휼의 하나님' 이다. 5절 마지막 부분은 "긍휼을 베푸시는 주여 간구하나이다" 이다. 느헤미야는 하나님이 자신과 자신의 민족이 당하는 괴로움을 구경만 하고 계시는 분이 아니라 함께 아파하고 동참하시는 분이라는 사실을 알았다.

영어성경(NLT)에서는 긍휼의 하나님을 'Unfailing Love' 라고 표현한다. 'Unfailing' 은 '없어지지 않는, 끝없는, 변하지 않는, 기대에 어긋나지 않는, 확실한' 이라는 의미다. 하나님의 사랑은 없어지지 않는 사랑, 다함이 없는 사랑, 변하지 않는 사랑이다. 우리의 기대가 어긋나는 법이 없는, 확실한 사랑이다.

복음서에는 예수님과 하나님에 대한 특별한 표현으로 '긍휼로 마음을 움직여서' 라는 뜻인 '스프랑크니조마이' (splanchnizomai)가 12번 나온다. '스프랑크' 는 '내장' 을 가리키는 말이다. 당시 사람들은 사람의 내장에 깊은 감정과 속내가 모두 담겨 있다고 믿었다. 주님께서 긍휼히 여기신다는 것은 주님의 가장 깊은 내면, 가장 여리고 상처 받기 쉬운 곳까지 다다른 아픔과 고통으로 우리 아픔에 참여하신다는 뜻이다.

긍휼에 해당하는 히브리어는 '하나님의 자궁' 을 의미하는 '라카밈' (rachamim)이다. 하나님이 백성을 향해 마음을 움직이실 때, 하나님의 깊은 곳인 자궁까지 움직이고 요동하시는 분이라는 뜻이다. 주님의 긍휼이 얼마나 깊고 강력한지 하나님의 자궁이 움직인다는 식으로밖에는 표현이 안 되는 것이다. 여기에 하나님의 온유와 친절이 숨어 있으며, 감정과 정서와 열정이 거룩한 사랑 안에서 하나가 되어 나타난다. 하나님의 마음이 긍휼로 움직일 때 모든 사랑의 근거가 활짝 열려서 거대하고 마르지 않으며 다함이 없는 하나님의 온유함이 드러난다.

헨리 나우웬은 하나님의 여러 모습 중에서도 긍휼하신 하나님을 발견하는 것이 얼마나 위대한 일인가에 대해 이야기했다. 하나님은 치유하시되, 치유를 통해 우리 고통에 동행하시고 동참하신다. 헨리 나우웬과 두 친구가 정치에서는 긍휼을 어떻게 생각하는지를 듣기 위해서 미국 부통령을 지낸 허버트 험프리 의원을 찾아갔다. 의원이 끝에 조그마한 지우개가 달린 연필을 집어 들고서 말했다. "긍휼이라는 것은 이 지우개와 같습니다. 글을 쓰다 잘못 쓰면 그때 사용하는 것이지요. 좀 더 극단적으로 말하면 긍휼이란 실패한 사람에게 적용되는 것입니다. 엄밀하게 말해 인생은 경쟁입니다. 긍휼은 인생의 경쟁에 존재하지 않는 것입니다." 이 말을 듣고 헨리 나우웬은 인간의 속성 중에 긍휼이란 없다는 사실을 깨달았다. 그래서 성경은 "너희 아버지의 자비하심처럼 너희도 자비하라", "아버지의 긍휼하심과 같이 긍휼하라", "긍휼을 행하지 아니하는 자는 긍휼 없는 심판으로 내가 너희를 대하리라"고 말하는 것이다.

긍휼은 인간의 속성이 아니다. 그렇지만 하나님은 긍휼 그 자체시다. 긍휼이 하나님의 속성이라는 것은, 하나님이 우리를 보고 그냥 지나가지 않고 우리 죄를 공감하시며 자신의 아픔처럼 받아들이신다는 의미다. 그러기에 하나님은 우리보다 먼저 나서신다. 하나님은 아픈 마음 때문에 먼저 구원의 방법을 펼쳐 보이신 것이다.

나는 결혼 후 아내와 겪은 아픔을 통해 하나님의 긍휼을 경험했다. 첫 아이를 임신 8개월 만에 사산하고 그 후유증으로 많은 어려움을 겪었다. 첫 아이에 대한 기대, 아빠 엄마가 된다는 기쁨, 아이를 향한 설렘이 하루저녁에 물거품이 되면서 육체적으로, 정신적으로, 영적으로 고통에 시달렸다. 충격이 가라앉을 즈음, 아버지가 심장마비로 세상을 떠나셨다. 이 모든 일이 한 달이라는 시간 동안 일어났다. 사람들은 장례만 치르면 마음의 상처와 아픔도 다 아무는 줄 착각하지만, 장례를 치르고 지친 몸으로 집에 돌아온 내 안에는 더 이상 인생을 살아갈 용기가 남아 있지 않았다. 교인들이 마치 '당신은 무슨 죄를 그렇게 많이 지었기에 한 달이 안 되는 짧은 시간에 자식 죽고 부모 죽고 집안이 풍비박산이 난 것이냐' 며 흉보는 듯했다. 예전에는 힘든 일을 겪는 사람에게 하나님은 자비로운 분이니 포기하지 말고 기도하라고 권고했었지만, 막상 내게 하나님은 자비로운 분이 아니었다. 인생을 다시 살아내야 하는 근거를 찾을 수 없었다. 마치 비 오는 날 길바닥에 버려진 신문지 같다는 느낌, 누군가의 발에 채여 너덜너덜 찢어진 신문조각 같다는 느낌이었다.

새벽기도회에는 의무적으로 참석만 하고 기도 시간에도 일부러 잠을 잤다. 그러던 어느 날, 기도 시간이 되어 어김없이 잠이 들었는데 꿈속에서 아버지 장례를 치르며 조문객을 맞이하는 내 모습을 보았다. 그리고 내 곁에 예수님이 서 계셨다. 예수님을 보는 순간 하나님께 가득 쌓여 있던 분노가 사라지면서 숨통이 트이는 듯한 기분이

들었다. 그리고 하나님께 고백했다. '하나님, 받아들이겠습니다. 하지만 이해할 수는 없습니다. 이해되지는 않습니다.'

며칠이 지났지만 여전히 의문은 남아 있었고 희망은 잡히지 않았다. 또 새벽기도회 시간이었는데, 마음속에 내 팔을 꼬집어보라는 음성이 들려왔다. 팔을 꼬집어보았다. 나직하게 신음소리를 내고 나니 마음속에 다시 음성이 들려왔다. '아프다는 소리가 어디서 나오느냐?' '입에서 나옵니다.' 그 순간 머릿속을 스쳐 지나가는 말씀이 있었다. "그리스도는 우리 머리요 우리는 그 몸의 지체라." 이 고통은 나 혼자 당하는 것이 아니라 나를 창조하신 분이 함께 당하는 것이었다. 그제야 내 마음에 하나님의 긍휼과 위로가 밀려오기 시작했다. 아무도 나를 이해하지 못하고 아무도 내 외로움을 알지 못한다고 믿었다. 무너져 내린 내 희망을 헤아려줄 사람이 없으리라고 생각했다. 그러나 하나님은 아셨다. 그리고 나보다 더 큰 아픔으로 가슴을 쓸어내리셨다.

그때부터 내 삶에 변화가 찾아왔다. 사람을 볼 때 마음의 얼굴이 보이기 시작한 것이다. 겉으로는 웃고 행복한 듯하지만 그 속은 멍들고 피나고 곪은 모습이었다. 이 경험은 내가 상담을 공부하는 데 결정적인 계기가 되기도 했다.

사람의 마음을 보게 하신 하나님은 그때부터 긍휼하신 하나님, 고통에 참여하시는 하나님을 체험하고 느끼게 하셨다. 힘든 일, 어려운 일이 많지만 그럴 때마다 위로를 받는 것은 하나님이 긍휼의 하나님이라는 사실 때문이다. 그분은 외로움과 고통 가운데 있는 자를 버려두지 않으시고 그 이름을 부르시며 그 눈의 눈물과 절망, 그 깊은 의미를 마음으로 껴안으신다.

느헤미야는 이미, 주님께서 백성의 비참하고 고통스런 마음 가운데 동참하신다는 것을 알고 있었다. 이 사실을 믿었기에 하나님께 불가능한 일을 요청하며 간구한 것이다. "하나님, 이 백성의 성을 회복시켜주십시오. 주님은 하실 수 있습니다." 기도는 강렬했으며 지속적이었다. 예레미야는 애가를 통해 "내 고초와 재난 곧 쑥과 담즙을 기억하소서. 내 심령이 그것을 기억하고 낙심이 되오나 중심에 회상한즉 오히려 소망이 있사옴은 여호와의 자비와 긍휼이 무궁하시므로 우리가 진멸되지 아니함이니이다. 이것이 아침마다 새로우니 주의 성실이 크도소이다"(3:19-23)라고 고백했다.

지금 눈앞에 잡초만 무성하고 의지할 푸른 가지 하나 없이 좌절과 낙담으로 가득한 인생 밭을 보고 있는가? 시대의 상황도 민족의 상황도 별다를 바 없이 답답하기만 한가? 무언가 변화가 있어야겠지만 간절한 소원일 뿐 실제로는 불가능하다고 생각하며 포기한 것은 아닌가? 그렇다면, 내가 믿는 하나님이 어떤 분인지를 생각해 보아야 한다. 우리 하나님은 전지전능한 하나님, 능력의 하나님이다. 나를 도와줄 능력이 있으시며 나를 도우려는 의지도 갖고 계신 분이다. 또한 언약을 신실하게 지키시는 하나님이다. 약속을 붙들고 기도하는 사람은 어떠한 죄를 짓고 어떤 상황 속에 있든지 구원하시는 신실하신 하나님이다. 그리고 하나님은 죄의 아픔을 함께 느끼시는, 십자가에서 죄를 대속하신 긍휼의 하나님이다. 주님을 다시 바라보

라. 주님의 전능하심, 주님의 약속, 주님의 긍휼히 여기시는 마음이 보이는가? 주님을 바라볼 때에 느헤미야가 경험한 기적이 우리를 통해서 다시 한 번 이루어질 것이다.

3장
하나님이 마음을 여실 때까지

느헤미야 1:6-11

누군가는 한국사회를 이해하는 열쇠말이 학연과 지연, 인맥이라고 했다. 한국 사람은 어려움을 만나면 그 일을 해결하는 데 집중하기보다는 아는 사람 중에 그 분야에서 힘을 써줄 수 있는 사람이 있는지를 먼저 찾는다고 한다. 그쪽 관계자와 개인적인 친분이 있으면 자기에게 더 유리한 결과를 이끌어낼 수 있다고 생각하기 때문이다.

그런데 우리 인생에서 가장 큰 영향력을 발휘할 수 있는 최고위 관계자인 하나님께는 왜 문제를 부탁하지 않는 것일까?

신앙생활의 핵심은 살아 계신 하나님을 체험하는 것이다. 내 삶에 관여하시는 살아 계신 하나님을 체험할 때 우리는 더 깊은 신앙으로 나아가게 된다. 우리와 함께하시는 하나님을 체험하는 것은 여러 모양으로 일어나지만 가장 흔하고 또 중요한 방법은 기도에 응답하시는 하나님을 만나는 것이다.

기도제목이 없는 사람은 없다. 한 자리에 모여 웃고 있다고 해서 그들이 모두 아무 걱정 없이 즐겁게 사는 것은 아니다. 다른 이에게 말할 수 없는 부끄러운 고민과 혼자 감당하기 어려운 삶의 무게를 안고 살아가는 것이 오히려 더 일반적인 모습이다. 이것이 인생이라면 기도가 필요 없는 사람은 없다. 하나님의 도움이 필요 없는 사람은 아무도 없다.

느헤미야서에는 느헤미야의 기도가 여러 차례 나온다. 어렵고 힘든 일을 만날 때마다 그것을 기도제목으로 삼고 하나님께 의뢰한 느헤미야는 기도의 응답으로 하나님의 도우심을 얻고 임재하심을 체험했다. 마침내 성벽은 완성되었고 느헤미야는 하나님을 더 깊이 신뢰하게 되었다. 또한 느헤미야의 기도와 섬김으로 이스라엘 백성과 공동체는 큰 유익을 누리고 하나님 앞에 회복되었다.

우리 인생의 기도제목과 공동체의 기도제목을 가지고 하나님께 나가자. 느헤미야와 같이 하나님께서 응답하실 수밖에 없는 영향력 있는 기도를 배우자.

지속적으로 구하라

하나님께 영향력 있는 기도는 '지속적으로' 드리는 기도이다. 하나님에 대한 신앙고백으로 기도를 시작한 느헤미야는 6절에서 "이제 종이 주의 종들인 이스라엘 자손을 위하여 주야로 기도하오며"라고 말한다. 주야로 기도한다는 것은 쉬지 않고 기도한다는 의미와 함께, 같은 문제를 두고 계속해서 규칙적으로 간구한다는 의미가 담겨 있다. 기도를 지속적으로 하는 것은 생각처럼 쉽지 않다. 아주 중요하고 시간이 더디 걸리는 일이라 평생 지속적으로 기도하기로 마음을 먹더라도 우리는 살면서 늘 다양한 문제를 만나기 때문에 금세

기도제목이 바뀌고 만다.

지속적인 관심이 있을 때만 한 가지 제목을 놓고 계속 기도할 수 있다. 기도가 아직 응답되지 않았을 때 나타나는 현상은 그 기도제목을 생각하면 감정의 변화가 일어난다는 것이다. 느헤미야는 이스라엘 소식에 관심을 갖고 있었다. 그의 관심은 이스라엘이 하나님의 백성답게 살고 백성으로서 누려야 할 당연한 복을 누려야 한다는 것, 그리고 지금 현실은 그렇지 못하다는 것이었다. 예루살렘 성이 훼파되고 무너졌다는 이야기를 듣자 느헤미야는 슬퍼하고 울며 금식한다. 이러한 감정적 반응은 그의 관심이 항상 이 문제에 머물러 있었음을 보여준다.

반대로 기도를 지속하지 못하는 이유는 진정한 관심을 두지 않기 때문이다. 진짜 관심은 상황에 따라 변하는 내 목적과 욕망을 이루는 데 두기 때문에 매번 새로운 계획을 세우느라 마음이 흐트러지는 것이다. 하나님께서 이루기 원하시는 것에 관심을 갖고 하나님의 마음을 품는다면 지속적으로 기도할 수 있다.

또, 하나님 외에는 해결자가 없다고 확신할 때 기도를 지속할 수 있다. 느헤미야는 기도를 들으시는 하나님, 문제를 해결하실 하나님을 믿었기 때문에 지속적으로 기도를 드릴 수 있었다. 시편 62편 1-2절은 "나의 영혼이 잠잠히 하나님만 바람이여, 나의 구원이 그에게서 나는도다. 오직 저만 나의 반석이시요 나의 구원이시요 나의 산성이시니 내가 크게 요동치 아니하리로다"라고 한다. 하나님만이 내가 처한 형편에서 구해 주실 분이라는 것을 확실히 믿을 때 요동하지 않고 지속적으로 기도하게 된다.

우리는 기도하다가 내가 원하는 대로 응답되지 않으면 하나님을 의심하고, 내가 원하는 바를 이룰 다른 방도를 찾는다. 나중에는 기도를 게을리 한다. 어떤 청년이 산길을 가다가 그만 발을 헛디뎌 절벽 아래로 떨어졌다. 떨어지면서 겨우 나무뿌리를 붙들었는데 밑을 보니까 아찔했다. 혼자서는 어떻게 할 수도 없고 꼼짝없이 매달려 있어야 하는 상황이었다. 그때 청년이 이렇게 기도했다. "하나님, 제가 평소에 교회를 열심히 다니지는 못했지만 제 중심은 주님께 늘 있었습니다. 이번 기회에 주님의 살아 계심을 보여주십시오." 그러자 뜻밖에도 하늘에서 음성이 들렸다. "내가 네 기도를 들었다." 청년은 깜짝 놀랐다. "오, 하나님. 정말 계셨군요. 제 기도에 응답해 주시다니 정말 감사합니다. 지금 저를 구해 주십시오, 저를 구해 주시면 하나님 뜻대로 제 일평생을 바치겠습니다." "그래, 내가 너를 구해 주마. 손을 놓아라, 그러면 내가 너를 받아주겠다." 청년은 험한 바위가 솟아 있는 낭떠러지를 내려다보고 곰곰이 생각하더니 다시 위를 향해서 소리쳤다. "거기 하나님 말고 다른 분 없어요?"

청년의 반응은 주어진 응답이 자기 기대와 다르면 하나님 뜻이라 할지라도 받아들이지 않는 우리 모습을 보여준다. 우리의 기도는 어떤가? 하나님을 얼마나 신뢰하는가? 하나님의 응답을 순종하는 마음으로 받아들이고 있는가?

지속적으로 기도할 때 내가 정말 구하는 것이 무엇인지 드러나고 그 가치를 알게 될 뿐 아니라, 겸손과 인내로 하나님 앞에 나아가는 믿음의 성장이 이루어진다. 그리고 그 시간을 통해 성품이 다듬어져서 기도가 이뤄졌을 때 교만하지 않고 응답을 진정한 축복으로 흘려보낼 수 있는 사람이 된다.

기도하고 있는가? 포기하지 말라. 하나님의 뜻이 어디에 있는지, 하나님의 마음이 어떠신지 계속 촉각을 곤두세우라. 하나님만이 하실 수 있고 기꺼이 하기를 원하시는 하나님의 꿈을 이루시도록 꾸준히 탄원하고 청원하라. 신실하신 하나님은 반드시 응답하신다.

장애물을 제거하라

하나님의 마음을 움직이는 기도는 '하나님의 마음을 여는' 기도이다. 6절 중반에서 느헤미야는 "이스라엘 자손의 주 앞에 범죄함을 자복하오니 주는 귀를 기울이시며 눈을 여시사 종의 기도를 들으시옵소서"라고 구한다. 하나님의 눈과 귀가 자신을 향해 열려서 기도를 들으시기를 간청하면서 그는 하나님과 자기 사이에 있는 장애물, 즉 죄를 고백한다. 이스라엘의 비극이 죄로 인해 일어났음을 인정하고, 하나님께서 이스라엘에게 가르치고 명령하신 대로 살지 않았음을 회개하고 있다.

느헤미야는 기도하는 사람이었지만, 현실을 모르거나 무시하는 맹목적인 사람은 아니었다. 성경은 그가 왕에게 술을 따르는 사람이라고만 표현하지만, 요즘으로 치면 비서실장이나 경호실장처럼 왕과 함께 고대 근동 지방의 정치와 경제, 역사와 문화를 논할 정도로 해박한 지식을 가진 학자이자 정치가이다. 대화가 가능하도록 자료와 근거를 가지고 왕과 날마다 상의하는 사람이다. 느헤미야가 그런 자리에 있었다는 것은 그가 역사적 사건에 대하여 종합적이고 객관적인 원인 분석을 충분히 할 수 있는 사람이었음을 보여준다. 그런 느헤미야가 이스라엘 민족의 패망 원인으로 꼽은 것이 다름 아닌 죄였다. 느헤미야는 어떤 심각한 문제라도 하나님과 마음이 통하고 하나님 마음이 열리면 아무것도 아니라는 것을 굳게 믿었고, 지금 하나님의 마음이 열리지 못하게 가로막고 있는 것이 바로 죄라는 것을 분명하게 보았다.

이러한 혜안을 지닌 또 다른 인물인 다니엘 역시, 당시 가장 발달한 문화를 가진 페르시아에서 총리대신을 지낸 사람이다. 역사를 분석할 줄 아는 학자이자 지혜자인 다니엘도 민족의 현실에 대해 동일한 결론을 내렸다. "우리는 이미 범죄하여 패역하며 행악하며 반역하여 주의 법도와 규례를 떠났사오며 우리가 또 주의 종 선지자들이 주의 이름으로 우리의 열왕과 우리의 방백과 열조와 온 국민에게 말씀한 것을 듣지 아니하였나이다"(단 9:5-6). 다니엘도 이스라엘 민족이 멸망한 원인을 인정하고 그 죄를 하나님 앞에 고백하고 회개하였다.

죄는 하나님과 우리 사이를 막는 장애물이다. 그러나 내 입장과 내 시각을 고집한 채로는 죄가 잘 보이지 않는다. 내 편에서는 죄가 자기 합리화를 통해 숨어버리기 때문이다. 하나님 관점에서 바라볼 때 비로소 죄의 모습이 드러난다. 스스로 잘했다고 생각하던 부분도 하나님 관점에서 보면 죄가 될 수 있다.

많은 사람이 문제의 원인을 밖에서 찾는다. 이것이 본능이다. 상황 때문에, 다른 사람 때문에, 환경과 때가 안 좋아서 등등. 그러나 느헤미야는 문제의 원인을 자기 민족과 조상, 그리고 자기 자신에게서 찾았다. "하나님, 우리 민족이 이런 비극적인 상황에 처한 데는 나의 책임도 있습니다." 외적 환경을 탓하지 않고 바로 '나'로부터 시작하고, 하나님과의 관계 속에서 이 상황을 같이 걸머지는 것. 바로 공동체 의식이다.

어느 초등학생 아이가 통지표를 받아왔는데 담임선생님의 평가란에 "주의가 산만함"이라고 되어 있었다. 부모님께 호되게 꾸지람을 들은 아이는 주위에 있는 학생들을 두들겨 패기 시작했다. "야! 너희들 때문에 선생님이 내 주위가 산만하다고 적었잖아. 너희가 떠드니까 내 주위가 산만한 거 아니야? 조용히 해." 우스갯소리지만 본능적으로 문제의 책임을 외부로 떠넘기려 하는 인간의 특성을 보여주고 있다. 그러나 하나님 앞에서 자신을 발견한 사람은 느헤미야처럼 문제의 책임을 스스로 떠안는다. 부모를 원망하는 대신 부모를 대신해서 회개하고, 형제자매의 죄를 탓하는 대신 그들을 대신해서 회개한다. 공동체의 죄를 대신해서 회개한다. 하나님께서 마음을 열고 기도를 들으셔야 하기 때문이다. 문제가 생겼을 때 누구를 탓하고 손가락질할 것이 아니라 주님 앞에 엎드려 "주님, 이 문제를 일으킨 우리 공동체의 죄를 회개합니다. 내가 하나님 앞에 범죄했습니다" 하고 자복하며 기도해야 한다. 죄를 고백하고 회개하며 하나님께 간구하면 하나님은 반드시 마음을 여시고 눈과 귀를 열어 우리 기도를 들으신다.

성경은 우리가 죄를 자백할 때 주께서 용서하신다고 약속한다. 요한일서 1장 8-9절의 약속을 믿으라. "만일 우리가 죄 없다 하면 스스로 속이고 또 진리가 우리 속에 있지 아니할 것이요, 만일 우리가 우리 죄를 자백하면 저는 미쁘시고 의로우사 우리 죄를 사하시며 모든 불의에서 우리를 깨끗케 하실 것이요." 하나님의 약속이다. 주님 앞에 내 죄와 가족의 죄, 공동체의 죄를 자백하고 내려놓으면 죄를 용서하시고 기도를 들으시는 하나님을 만나게 될 것이다.

때때로 기도가 막혀서 잘 되지 않는다는 이야기를 듣는다. 기도가 하나님께 상달되지 않는 것 같다면 그때가 바로 하나님과 나 사이에 놓인 죄를 고백할 때다. 하나님은 우리를 향해 마음을 열고자 하신다. 철저히 돌아보아 죄의 문제를 해결하고 우리 기도를 열납하시는 하나님을 경험하라.

하나님의 마음을 두드리라

느헤미야는 하나님 중심의 기도를 드렸다. 그의 기도를 살펴보면 "주를 향하여", "주께서", "주는" 등의 표현과 하나님 자신이 말씀하시는 "내가", "내게로", "내 이름을" 등의 표현이 중요한 대목마다 등장한다. 느헤미야는 하나님께 초점을 맞추었다. 우리는 흔히 나 중심으로 생각하고 나 자신에게 유리한 것만 구한다. 이러이러한 일을 하고 싶은데 환경과 형편이 여의치 않고 힘드니 "하나님 나를 구원해 주십시오" 하는 것이다. 그러나 야고보서 4장의 말씀을 기억해야 한다. "너희가 얻지 못함은 구하지 아니함이요 구하여도 받지 못함은 정욕으로 쓰려고 잘못 구함이니라." 하나님의 마음을 움직이는 기도는 관점이 나 아닌 하나님께 있다.

"하나님, 당신의 백성이 이렇게 어렵고 고통스럽습니다"라고 기도하기보다 "이 백성 속에 하나님 백성다운 모습이 보이지 않습니다"라는 것이 느헤미야의 기도였다. 자신의 뜻이 이루어지지 않더라도, "나를 통해 하나님의 뜻이 이루어지고 하나님 영광이 드러나기를 원합니다. 하나님의 백성이 하나님 백성답게 살 수 있도록 해주십시오." 이것이 하나님 중심의 기도이다.

저마다 기도하고 소원하는 것이 있겠지만 주어진 상황에서 하나님 자녀다운 태도는 어떤 모습일까를 고민하는 것이 필요하다. "주님, 제게 이러저러한 병이 있습니다. 병을 낫게 해주시면 더 좋겠지만 병을 앓으면서도 하나님 자녀다운 모습으로 서려면 어떻게 해야 할까요? 주님, 어떠한 상황에서도 변함없이 하나님의 자녀로 살 수 있게 도와주십시오." 하나님의 관점에서 보면 우리가 가난하거나 부유한 것, 시험에 붙거나 떨어진 것, 성공하거나 실패한 것은 우리가 하나님의 자녀답게 사는 것만큼 중요한 문제가 아닐 것이다. 우리에게 닥친 상황은 하나님이 우리를 가르치고 성장시키기 위해 허락하신 것일지도 모른다. 성경은 "너희는 먼저 그의 나라와 그의 의를 구하라. 그리하면 이 모든 것을 너희에게 더하시리라"(마 6:33)고 일깨워주고 있다. 하나님의 관점으로 보고 하나님이 원하시는 것을 구할 때 하나님의 마음이 움직인다.

하나님의 마음을 두드릴 때는 또한 하나님의 약속을 붙들어야 한다. 내 환경이나 경험이 아닌 하나님이 주신 약속을 가지고 하나님께 나아가는 것이다. 느헤미야도 약속을 붙들었다. "하나님, 우리가 약속을 지키지 않아 이 저주가 임했으니, 이 민족이 약속을 충실히 이행하면 신실하신 하나님께서 자녀가 누려야 할 축복과 은혜를 회복시켜주실 것을 믿습니다." 우리는 신실하지 못하더라도 하나님은 언제나 신실하셔서, 자기가 하신 약속을 부인할 수 없으시기 때문이다(딤후 2:13, 새번역 참고).

부모가 되고 보니 자녀가 원하는 것을 무시할 수가 없다. 더군다나 오래전에 한 약속을 아이가 기억하고 있다가 히든카드로 꺼내놓으면 아무 말도 못하고 들어줄 수밖에 없다. 인간인 부모가 이렇다면 하나님은 어떠시겠는가? 하나님은 절대로 자녀의 요구를 묵살하는 분이 아니시다. "하나님, 하나님께서는 약속하신 대로 이행하는 분이십니다. 약속을 붙들고 주장합니다. 약속대로 주님의 백성을 지켜주십시오." 느헤미야의 요구는 분명 약속에 근거한 믿음의 기도였다.

하나님의 마음을 두드리는 느헤미야의 기도를 읽어나가다가 문득 의문이 생겼다. 느헤미야가 이스라엘 백성을 생각하며 진심으로 애통하며 기도했다면 기도제목만 해도 수백 가지는 되지 않았을까? 성벽을 재건하자면 필요한 물품과 갖춰져야 할 조건이 얼마나 많은가? 우리 생각을 해보면 입시를 치르는 자녀를 위해 기도할 때도 얼마나 자세히 기도하는가? "주님, 우리 아들 1번 문제 풀 때 역사하여 주시옵고, 2번 칠 때 간섭하여 주시옵고, 3번 답 쓸 때 섭리하여 주시옵소서." 이렇게 하나하나, 과목마다 섬세하게 기도한다. 하물며 민족의 성 예루살렘의 성벽을 쌓는 일인데 기도할 제목이 얼마나 많겠는가? 그런데 느헤미야의 기도는 간단하다. "하나님, 아닥사스다 왕에게 내가 은혜를 입게 하옵소서."

이미 느헤미야는 아닥사스다 왕의 아주 가까이에서 서로 영향을 주고받는 사이이다. 그런데도 아닥사스다 왕에게 은혜를 입는 것이 가장 큰 기도제목인 이유가 무엇일까? 에스라서 4장 11-21절*을 보면 느헤미야 이전에 이미 예루살렘 성 재건이 시도되었음을 알 수 있다. 그렇지만 당시 아닥사스다 왕은 예루살렘 성 건축을 모반과 반란의 행위로 간주하고 공사를 중단하라는 칙령을 내렸다. 이제 느헤미야가 예루살렘 성벽을 다시 쌓으려는 행위는 왕의 뜻을 거스르는 일인 것이다. 왕이 이미 내린 명령을 취소하고 번복해야 가능한 일이었다. 그러므로 이 일은 느헤미야가 어떻게 할 수 없는 일이었다. 어쩌면 그의 평생에서 가장 어려운 순간이었을 것이다.

---

*아닥사스다왕에게 올린 그 글의 초본은 이러하니 "강 서편에 있는 신복들은 왕에게 고하나이다. 왕에게서 올라온 유다 사람들이 우리의 곳 예루살렘에 이르러 이 패역하고 악한 성읍을 건축하는데 이미 그 지대를 수축하고 성곽을 건축하오니, 이제 왕은 아시옵소서. 만일 이 성읍을 건축하며 그 성곽을 마치면 저 무리가 다시는 조공과 잡세와 부세를 바치지 아니하리니 필경 왕들에게 손해가 되리이다. 우리가 이제 궁의 소금을 먹는고로 왕의 수치 당함을 참아 보지 못하여 보내어 왕에게 고하오니 왕은 열조의 사기를 살피시면, 그 사기에서 이 성읍은 패역한 성읍이라 예로부터 그 중에서 항상 반역하는 일을 행하여 열왕과 각 도에 손해가 된 것을 보시고 아실지라. 이 성읍이 훼파됨도 이 까닭이니이다. 이제 감히 왕에게 고하오니 이 성읍이 중건되어 성곽을 필역하면 이로 말미암아 왕의 강 서편 영지가 없어지리이다" 하였더라. 왕이 방백 르훔과 서기관 심새와 사마리아에 거한 저희 동료와 강 서편 다른 땅 백성에게 조서를 내리니 일렀으되 "너희는 평안할지어다. 너희의 올린 글을 내 앞에서 낭독시키고 명하여 살펴보니 과연 이 성읍이 예로부터 열왕을 거역하며 그 중에서 항상 패역하고 모반하는 일을 행하였으며 옛적에는 예루살렘을 주재하는 큰 군왕이 있어서 강 서편 모든 땅도 주재하매 조공과 잡세와 부세를 저에게 다 바쳤도다. 이제 너희는 명을 전하여 그 사람들로 역사를 그치게 하여 그 성을 건축지 못하게 하고 내가 다시 조서 내리기를 기다리라."

그러나 느헤미야는 주저앉지 않는다. 포기하지 않는다. 하나님은 약속하신 대로 반드시 회복시키실 것이므로 하나님께서 왕의 마음도 움직이시고 왕의 명령도 철회하도록 하실 것이라 믿었다. 느헤미야의 기도는 자기 의지나 신념이 아니라 하나님의 약속과 성품을 신뢰한 믿음의 기도였다.

해결해야 할 문제가 너무 많은가? 문제 해결보다도 먼저 생각해야 할 것이 있다면, 내가 문제 가운데서도 하나님 자녀다운 모습으로 서 있는지, 하나님 영광을 드러내며 살고 있는지 돌아보는 것이다. 그의 나라와 그의 의를 구하는 것이 우선이다.

4장
꿈을 품은 준비

느헤미야 2:1-6

1962년, 빅터와 밀드리드 고어츨(Victor and Mildred Goertzel) 부부는 성공한 세계적 인물 413명을 선정해서 성장배경과 가정교육, 업적 등을 조사, 연구한 결과를 발표했다. 매우 흥미롭게도 연구 대상 중 392명이 역경을 극복한 사람들이었다. 절망적이고 심각한 문제를 극복하는 과정을 통해 위대한 생애를 살 수 있게 된 것이다. 그래서 빅터와 밀드리드 고어츨은 "그들에게 고난은 장애물이 아니라 기회였다"라는 결론을 내린다.

역사학자 아놀드 토인비의 말에 따르면 사람은 고난을 당하면 네 가지로 반응한다. 과거로 돌아가거나, 미래에 대한 공상에 빠지거나, 몸을 움츠리고 누군가 도와주기를 기다리거나, 위기에 맞서 위기를 유용한 것으로 바꾸는 것이다.

가만히 보면, 불행이 사람을 파멸로 몰아가는 것이 아니라 불행에 대처하는 그 사람의 태도가 파멸 혹은 행복을 가져온다는 것을 알 수 있다. 아무리 좋은 조건과 환경에서 출발했다 하더라도 잘못된 자세와 태도를 가지고 있는 사람에게는 그 좋은 조건이 불행의 조건이 되는 경우가 많다. 그렇기 때문에 어떤 자세를 가지고 살아가느냐가 매우 중요한 것이다.

조국과 민족을 생각하는 마음이 절실했던 느헤미야는 암담한 조국의 소식을 접하고서 당장 도울 수 없다고 좌절하지 않고 이 위기를 통해 민족 역사의 흐름을 바꾸는 위대한 사람으로 설 수 있었다.

오늘 한국 사회는 절망적인 소식으로 가득하다. 한 일간지가 실시한 설문조사에서 앞으로 한국사회가 더욱 살기 좋아질 것이냐는 질문에 응답자의 72%가 비관적이라고 답했다고 한다. 경찰청 통계에 따르면 인구 십만 명당 27.4명이 자살하여, 헝가리와 함께 세계 1위의 자살 국가가 되었다고 한다. 젊은 여성 5명 중 1명꼴로 유흥업소에 종사하고 있다는 통계, 무려 5조에 가까운 돈을 도박이나 유흥비로 날려버렸다는 보고, 공식 통계만 중고등학생 2만 명이 술집에서 아르바이트 하고 있다는 사실, 한국사람 45%가 건강을 가장 소중하게 여기는데도 불구하고 화가 나면 20%가 술로 푼다고 한다. 한국은 세계에서 고령화 속도가 가장 빠른 나라라는 통계가 있으며, 대립과 반목, 배신, 힘의 횡포가 여기저기 난무한다. 통계에 의존하지 않더라도 우리 사회가 얼마나 절망적인지는 일상생활에서 쉽게 느낄 수 있다.

더욱 심각한 사실은, 우리 사회 어디든 이기주의와 자기중심주의가 팽배하다는 사실이다. 이기주의의 극단적인 모습이 집단 이기주의인데, 혼자서는 힘이 약해서 안 되니 같은 이해관계를 가진 사람들이 연합해서 극단적인 방법으로 이익을 쟁취하자는 것이다. 여기에 정의나 가치, 논리는 찾아보기 어렵다. 내 몫은 내가 알아서 챙기지 않으면 안 된다는 위기의식과 불안감이 가득하니, 그만큼 각박하고 희망 없는 세상에 살고 있는 것이다.

그러나 포기할 수는 없다. 포기한다는 것은 우리 미래를 버린다는 뜻이다. 과거는 지나갔다 할지라도 아직 남아 있는 미래, 펼쳐질 꿈마저 포기할 수는 없다. 게다가 우리는 역사의 주인이신 하나님의 자녀로서 삶의 진짜 목표가 있다. 절망적인 상황 속에서도 미래를 포기하지 않고 하나님께서 원하시는 아름다운 환경을 일구어야 할 우리는 올바른 삶의 자세를 갖춰야 한다.

하나님께서 허락하신 미래를 꿈꾸며, 여러 상황 속에 사는 우리는 어떻게 해야 할까? 느헤미야가 살았던 삶, 역사를 바꾼 그의 삶의 원리와 자세는 무엇일까?

기다림

느헤미야가 자기 민족이 고난당하고 성이 무너졌다는 소식을 들었을 때 제일 먼저 한 일은 기도였다. 그는 절망하지 않고 기도하며 기다렸다. 기도를 시작한 이유 중의 하나는 자기 힘으로 극복할 수 없다는 것을 알았기 때문이다. 그는 자기 한계를 알고 있었고, 하나님만이 문제를 해결하실 수 있음을 믿었다. 내 힘으로도, 어느 누구를 통해서도 해결할 수 없는 문제 앞에서 무엇을 해야 할까? 절망하지 않고 기도하며 주님 뜻이 이루어지기를 기다리는 것이 바로 고난을 당한 자가 고난을 극복하는 지혜의 첫째 원리다.

느헤미야의 기도는 몇 가지 특징이 있는데 앞에서도 살펴보았듯이 지속적이라는 점이다. 우리는 기도를 하다가도 더 급하고 중요한 일이 생기면 곧 기도를 중단해 버린다. 느헤미야를 생각해 보자. 왕의 곁에서 왕을 보좌하는 일이니 정치적인 음모도 많았을 것이다. 바벨론 노예 3세로 술 관원의 위치에 오를 때까지 다양한 상황 속에서 능동적으로 대처해야 할 일이 얼마나 많았겠는가? 시시각각으로 긴급한 일이 바뀌었지만 그 가운데서도 민족을 향한 기도는 중단하지 않았다. 2장 1절은 "아닥사스다 왕 20년 니산 월"에 일어난 일이라고 기록한다. 니산 월은 현재의 양력으로 4월경이다. 그런데 느헤미야가 예루살렘 소식을 들은 1장 1절은 "아닥사스다 왕 제20년 기슬르 월"이었다. 기슬르 월은 12월에 해당한다. 느헤미야는 소식을 듣고 나서 무려 4개월 이상 하나님 앞에 엎드려 기도하기를 중단하지 않았다. 느헤미야가 이렇게 포기하지 않고 기도할 수 있었던 이유는 무엇인가? 그는 하나님의 살아 계심을 믿었고, 눈앞의 문제보다 더 크신 하나님, 언약을 지키시는 하나님, 우리 아픔에 동참하시는 긍휼의 하나님을 믿었기 때문이다.

사도행전에는 초대교회가 세워지고 얼마 지나지 않아 야고보 사도가 순교한 사건이 나온다. 야고보가 잡혀갔을 때 성도들은 야고보가 석방되기를 간절히 기도했을 것이다. "하나님! 죽은 자도 살리시는 하나님, 야고보를 살려주십시오!" 그러나 야고보는 그냥 순교당하고 만다. 그리고 베드로도 투옥되었다. 사형을 하루 앞둔 상황, 성도들이 간절히 기도하는데도 아무 응답이 없다. 그러나 초대교회는 포기하지 않고 기도를 쉬지 않는다. 베드로가 순교하는 것이 하나님의 뜻인지 극적으로 살려주시는 것이 하나님의 뜻인지는 모르지만 하나님의 뜻이 드러날 때까지 지속적으로 기도하고 있을 때, 한밤중에 주의 천사를 통해 베드로가 돌아왔다. 성경은 우리에게 쉬지 말고 기도하라고 말하며, 선을 행하다 낙심하지 말라고 권면한다. 언제까지 기도해야 할까? 응답을 받을 때까지, 기도의 부담감이 사라지고 마음에 평안이 올 때까지 기도해야 한다. 상황은 달라진 것이 없다 해도 괜찮다. 기도 응답으로 나타나는 첫째 현상은 마음의 평안이다. 기도를 지속하다 보면 마음에 평안이 생기고 상황이 다르게 보이기 시작한다. 또 새로운 일이 생기기도 한다. 하나님의 응답이 시작되는 것이다.

기도를 시작한 지 4개월여가 지난 어느 날, 직무를 수행하는 느헤미야에게 왕이 말을 건넸다. "어찌하여 수색(殊色)이 있느냐? 마음에 무슨 근심이 있는 게 분명하구나." 느헤미야는 깜짝 놀랐다. 감히 왕 앞에서 근심 어린 표정을 짓다니. 성경은 그가 "크게 두려워하여" 대답했다고 기록한다. "내 조상들의 묘지가 있는 성읍이 황폐한 채 버려져 있으니 근심하지 않을 수 있겠습니까?" 왕이 다시 물었다. "그럼 내가 무엇을 해주기 원하느냐?" 이 말을 듣고 느헤미야는 곧바로 하나님께 묵도한다. 짧은 시간이지만 이 상황에 하나님께서 개입해 주시기를 간구한 것이다. 느헤미야의 반응은 기도에 대한 분명한 믿음과 평상시의 습관이 있을 때 나올 수 있는 것이다. 왕의 질문을 듣는 순간, 느헤미야는 이것이 하나님이 열어주신 기회임을 깨달았고 자신이 어떻게 반응하느냐에 따라 민족의 운명이 달라질 수 있음을 직감했다. 또한 자신의 대답에 대한 왕의 반응도 중요했다. 이미 칙령을 내려 예루살렘 재건을 금지한 아닥사스다 왕이 아닌가. 하나님이 개입해 주셔야 하는 상황이었다. 왕에게 대답을 지체할 수 없는 상황이었지만 역사의 주인이신 하나님께 이 상황을 의탁해야 했다. 느헤미야는 짧은 기도를 드렸다.

느헤미야의 이러한 모습은 열왕기상 12장에 나오는 르호보암과는 너무나도 대조적이다. 솔로몬이 죽고 아들 르호보암이 왕위에 오르자, 이스라엘의 모든 백성이 여로보암을 앞세우고 와서 "왕의 아버지 솔로몬은 부역과 세금을 과중하게 매겼으나 왕은 이러한 멍에를 가볍게 해주소서. 그러면 우리가 왕을 섬기겠나이다"라고 요청했다. 르호보암은 3일 후에 다시 오라고 말하고는 3일간 사람들의 견해를 듣는다. 선대왕을 섬기며 하나님을 경험한 노인들의 조언을 무시하고 자기 욕망을 채워주는 젊은 친구들의 조언을 선택한 르호보암은 백성에게 포학한 말로 대답하고 더 가혹한 멍에를 메웠다. 그의 어리석은 선택으로 이스라엘 열두 지파 중 열 지파가 배반을 하고, 결국 남과 북으로 갈라지는 비극이 시작되었다.

시간을 쪼개서 기도할 기회로 삼고 하나님 음성과 인도하심을 구하는 사람이 있는가 하면, 기도하는 시간마저도 자기 정욕을 채우고 주변 이야기에 귀 기울이느라 허비하는 사람이 있다.

느헤미야는 몇 번 기도한 것으로 응답을 바라며 조급해하지 않았다. 하나님을 믿었기 때문이다. 우리는 기도해 놓고 응답이 안 나타나면 조바심을 내면서 전전긍긍한다. 엘리베이터를 타면 '닫힘' 버튼을 안 누르는 사람이 거의 없다. 엘리베이터 버튼 중에 가장 많이 닳아 있는 것이 '닫힘' 버튼이다. 조금만 기다리면 닫히는 것을 알면서도 사람들은 그 얼마를 기다리지 못해 버튼을 누른다. 우리가 기도하는 것도 이와 비슷하다. 우리는 하나님이 반드시 응답하시는 분임을 알면서도 그 얼마를 못 기다려서 마치 '닫힘' 버튼을 눌러대고 힘으로 닫아보려 하고 엘리베이터가 고장 났나 하여 탔다 내렸다 하는 것처럼, 하나님을 보채고 내 힘으로 상황을 바꿔보려 하고 하나님 아닌 다른 것을 의지하려 한다.

어떤 사람이 자기의 급한 성격 때문에 하나님께 기도했다고 한다. "하나님 제게 인내하는 마음을 주십시오. 기다릴 수 있도록 도와주십시오. 하나님, 인내하는 마음을 주십시오. 지금 당장 주십시오!"

부자 아버지를 둔 철없는 아들은 아버지가 언제 재산을 물려주실 것인지에만 관심을 쏟는다. 그러나 아버지의 관심은 무엇일까? 아들에게 재산을 많이 남겨주는 것보다는 유산을 잘 관리하고 유용하게 쓸 수 있는 능력을 길러주는 것이 아니겠는가?

문제를 해결하는 자체에만 관심이 있는 우리와 달리 하나님의 목적은 더 심오하다. 응답을 기다리며 기도하는 동안 우리의 인격이 주님을 닮아가도록 성숙해지는 것도 하나님의 목적이다. 기다림이 길어진다고 낙심하거나 주저앉지 말라. 하나님이 지금 나를 다루고 계신다. 아마 많이 기다려야 할 것이다. 그러나 마냥 기다려서

는 안 된다. 기다림에는 이유가 있다. 나를 기다리게 하시는 하나님
의 목적을 알고 그 시간을 알차게 사용해야 한다. 내 인격의 문제를
다루시는가? 내가 돌아보아야 할 사람이 있는가? 하나님의 뜻이 다
른 데 있는가? 하나님 앞에 바로 서고자 애쓰는 사람이 기다림을 아
는 사람이다.

구체적인 계획을 세움

느헤미야는 고난을 이기는 절망의 시간에 기도하면서 계획을 세운
다. 기도하면서 내일을 잉태하되 하나님께서 일을 허락하실 때 어
떻게 하나님 앞에 설 것인가를 준비한 것이다. 아닥사스다 왕은 수
심이 가득한 느헤미야에게 원하는 것이 무엇이며 필요한 시간이 얼
마나 되는지를 묻는다(2:6). 이에 대해 "내가 기한을 정하고"라고 되
어 있다. 느헤미야는 예루살렘 성을 건축할 시간이 얼마나 필요하
겠느냐는 질문에 곧바로 예상 소요 기간을 대답할 수 있었다. 그뿐
아니라 성을 재건할 때 일어날 여러 상황을 예상하고 그에 대한 대
비책까지 생각해 두었다. 이어지는 7-8절은 느헤미야가 성을 쌓는
데 필요한 자재 품목과 조달 계획까지 다 세워놓고 왕에게 조목조목
요청하는 모습을 보여준다. 기도만 하고 가만히 사태를 지켜보고
있었던 것이 아니라 하나님께서 일을 시작하실 그 날에 존귀하게 쓰
임 받을 수 있도록 철저하게 계획을 세워둔 것이다.

　기도에 대한 태도는 크게 두 가지로 나뉘는데 하나는 '기도하면
된다. 기도하면 하나님께서 다 알아서 하시므로 계획을 세울 필요

가 없다. 인간의 계획은 허망한 것이니 성령의 절대적인 인도하심만 받으면 된다. 간절히 기도하자'라는 태도다. 상당히 믿음이 좋은 듯하지만 사실은 신비주의자다. 다른 하나는 '기도하는 정신으로 계획을 짜자. 기도하는 정신으로 사건을 분석하고 예산을 짜고 관련된 모든 정보를 모으자. 기도도 좋지만 기도 정신을 기초로 그냥 계획을 잡아보자'는 태도다. 이 사람은 이성주의와 합리주의에 근거를 둔, 불신앙의 사람이다. 기도는 치밀한 계획이나 일정을 짜는 것으로 대신할 수 없다. 기도하면서 하나님께서 이루어주실 소망을 가지고 계획을 짜는 사람이 진정한 믿음의 사람이다.

어느 교회에서 비가 오도록 철야기도를 했다고 한다. 기도회가 끝날 무렵, 정말로 비가 오기 시작했다. 하지만 정작 우산을 준비한 사람은 어린아이 하나밖에 없었다. "비 오라고 기도한다고 모였잖아요. 그러니까 우산을 가지고 왔죠." 응답해 주실 하나님을 믿고 기도한다면 그에 따른 준비도 있어야 한다. 어른들이 우산을 준비하지 않은 것은 그들이 기도를 하면서도 응답하실 하나님을 믿지 않았기 때문이 아닐까?

주님께서 기도에 응답하실 때 어떻게 반응할지를 준비해야 한다. 기도하면서 현재의 나를 가꾸고 다듬고 준비해야 한다. 그래야 하나님께서 스트라이크를 던지실 때 홈런을 칠 수 있다.

한 실험에서, 물을 채운 수조를 설치하고 빛을 차단한 다음 쥐를 넣었더니 3분 만에 물에 빠져 죽었다. 그런데 똑같은 환경에서 가는 빛줄기를 비춰주었더니 36시간을 생존하였다. 무려 700배를 버틴 것이다. 빛줄기란 무엇을 의미하는가? 희망이다. 캄캄한 어둠 속에서 한 줄기 희망을 볼 수 있다면 그렇듯 끈질기게 버틸 수 있다. 사람은 최대 40일간 음식 없이 살 수 있다고 한다. 물 없이는 4일을 버티고, 공기가 없으면 최대 4분간 버틸 수 있다. 그러나 희망이 없으면 얼마나 살 수 있을까? 죽을 수밖에 없다.

기도하는 사람은 희망을 가지고 계획을 짜는 사람이다. 기도하는 사람이 절망하고 좌절하여 주저앉아 있다면, 그는 정말로 기도하는 것이 아니다. 기도하는 사람은 하나님께서 이루실 것을 믿고 그에 따라 계획을 세우는, 소망을 간직한 사람이다.

아닥사스다 왕이 "얼마의 기간이 걸리겠느냐?"고 물었을 때 느헤미야가 "그것은 잘 모르겠습니다. 가서 한 번 생각을 해보겠습니다"라고 대답했다면 왕은 그가 준비되지 않았음을 보고 결정을 보류했을 것이다. 그러나 느헤미야는 정확한 예측과 계획을 끝내놓았기 때문에 즉시 왕의 도움이 필요한 부분을 요청하여 얻을 수 있었다. 느헤미야는 이 일에서 자신이 해야 할 몫과 왕이 감당해야 할 몫, 그리고 하나님이 하실 일과 하나님을 통해 백성들이 해야 할 일이 각각 무엇인지를 구분할 줄 알았다.

하나님은 우리를 통해 당신의 일을 하기 원하신다. 하나님의 뜻을 이루기 위해 기도하고 있는가? 그리고 그와 함께 무엇을 준비하고 있는가? 기도로 준비하면서 소망을 가지고 오늘 나를 가꾸는 사람이 자기 역할을 감당할 수 있다.

우리는 모두 하나님께 쓰임 받고 싶은 꿈이 있다. 그 꿈을 위해 진정으로 기도하고 있다면, 하나님께서 이루어주실 때를 생각하며 하나님 앞에 어떤 모습으로 설 것인가를 오늘 준비해야 한다. 자기 분야에서 전문가가 되고 실력을 갖추어야 한다. 재정적으로도 준비가 필요할 수 있다. 물질을 지혜롭게 관리하고 저축하는 훈련을 하라. 자기 시간 관리, 건강 관리, 인격과 성품의 관리도 하라. 하나님의 때에 아름답게 쓰임 받을 수 있도록 지금 준비하는 삶이 기도하는 사람의 삶이다.

성실로 사람을 얻음

느헤미야는 절망과 어둠의 시간을 기도로 인내했다. 그의 기도제목은 아닥사스다 왕에게 은혜를 입게 해달라는 것이었다. 자신의 필요를 채워줄 수 있는 아닥사스다 왕이 자신의 요청을 받아들이도록 하나님께서 왕의 마음을 감동시켜달라고 기도했다. 꾸준히 기도하며 기다려온 느헤미야는 하나님이 주신 기회를 놓치지 않았다.

어느 날 연회가 벌어졌다. 페르시아에서는 이례적으로 왕비도 함께 참석한 것을 보면 왕의 개인적인 가족모임이거나 큰 잔치자리로, 왕이 굉장히 기뻐하고 즐거워하는 시간이었을 것이다. 그때 하나님은 왕이 느헤미야의 얼굴에 수심이 가득 찬 것을 발견하게 하셨다. "느헤미야야, 어찌하여 수심이 있느냐? 이 즐거운 날 무슨 걱정이 있느냐?" 느헤미야는 두려웠다. 페르시아 제국의 임금을 섬기는 사람이 왕 앞에서 얼굴을 붉히거나 수심에 찬 얼굴을 보이면 사형까지도 당할 수 있기 때문이다. 왕의 심기를 불편하게 해서는 안 되었다. 느헤미야는 두려움 가운데서도 생각했다. '이것은 하나님이 주신 기회다.' 영적으로 깨어 있지 않으면 하나님께서 기회를 주셔도 기회인 줄 알지 못한다. 느헤미야는 왕의 관심을 하나님 주신 기회로 받아들이고 무엇무엇이 필요한지를 정확하게 아뢰었다.

기회를 포착하기 원하는 사람이라면 내가 정말 원하는 것이 무엇인지를 알고 있어야 한다. 우리는 막연한 기도제목을 놓고 막연하게 기도할 때가 많다. "하나님, 형제를 주시옵소서. 제가 사랑할 만한 형제를 주시옵소서." "하나님, 자매를 주시옵소서. 마음이 끌리고 내 마음을 온통 뺏어갈 자매를 주시옵소서." 하나님께서 그런 형제, 그런 자매를 어떻게 구해다 준단 말인가? 막연하게 기도하면 막연하게 응답이 온다. 내가 원하는 것이 구체적으로 무엇인가?

맹인 거지 바디매오는 예수님이 무리와 함께 여리고 성에서 나가시는 마지막 순간에 "다윗의 자손 예수여, 나를 불쌍히 여기소서"라고 외쳤다. 주위에서 시끄럽다며 조용히 하라고 나무랐지만 그는 굴하지 않고 오히려 더 큰 소리로 외쳤다. "다윗의 자손 예수여! 나를 구원하소서!" 결국 바디매오는 예수님 앞에 나아갈 기회를 얻었다. "네게 무엇을 하여 주기를 원하느냐?" 눈도 뜨고 싶고 돈도 필요했을 것이다. 맹인으로, 거지로 살아온 세월을 보상받고 싶었을지도 모른다. 보통 사람들처럼 되고 싶다거나 행복해지고 싶다고 말할 수도 있었다. 그러나 예수님이 물으셨을 때 맹인 거지 바디매오는 자기가 원하는 바를 정확하게 구했다. "보기를 원합니다." 그리고 소원대로 눈을 떠 앞을 보게 되었다. 그는 평소에 자기 마음의 소원이 무엇인지 분명히 알고 있었던 것이다. 내 힘으로는 할 수 없는, 주님이 해주셔야만 하는 일이 무엇인지, 주님이 기꺼이 해주시고자 하는 일이 무엇인지 바디매오는 알고 있었다. 당신의 기도제목, 마음의 소원은 무엇인가? 이것을 깨닫고 품고 있어야 한다.

다시 느헤미야에게 돌아가자. 느헤미야는 왕에게 직접적으로 '예루살렘 성을 건축해야 한다' 고 말하지 않는다. 이미 십 년 전에 아닥사스다 왕이 반란의 여지가 있다는 이유로 예루살렘 재건을 중단시켰기 때문이다. 우회적으로, "왕이시여, 내 조상들의 무덤이 있는 성읍이 훼파되었나이다"라고 대답한다. 페르시아인은 조상의 무덤을 귀히 여겼으므로 왕의 심기를 건드리지 않으면서 왕의 동정과 관심을 얻을 수 있는 방식을 택한 것이다. 신중한 접근이다.

어떤 일을 진행할 때, 특히 혈기왕성한 청년들 가운데는 자신이 옳다고 생각하는 일이면 무조건 밀어붙이는 사람이 있다. 주의 일이라고 하면서, 바른 일이라고 하면서 얼마나 무지막지한지 모른다. 그러나 사람의 마음이 상하지 않도록 조용하고도 지혜롭게 접근하며 자기에게 주어진 기회를 활용하는 느헤미야를 보라.

"왕이여, 만세수(萬歲壽)를 하옵소서. 왕이 만일 즐거워하시거든, 만일 제가 왕에게 은혜를 입었다고 생각하신다면, 나로 하여금 일을 행하게 하옵소서"라고 말한다. 겸손하고 예의가 있다.

디오게네스라는 그리스 철학자는, 왕과 친구를 다룰 때는 마치 불을 다루듯이 해야 한다고 말했다. 불은 너무 가까이하면 타버릴 위험이 있고 너무 멀리하면 혜택을 받지 못하므로 적당한 거리를 유지해야 한다는 것이다. 사람과 사람의 관계에서도 친밀함을 유지하되 예의를 갖춰 사려 깊고 겸손하게 접근하는 것이 필요하다.

느헤미야가 평소 기회를 잡을 준비가 된 사람이라는 것을 보여 주는 또 다른 표지는 무엇인가? 왕이 언제 가느냐를 묻지 않고 언제 돌아올지를 물었다는 것이다. 그가 필요하니 꼭 돌아와야 한다는 이야기다. 느헤미야가 평상시 삶에서 신뢰와 정성으로 왕을 섬겼음을 알 수 있다. 왕이 은혜를 베푸는 것이 전부가 아니라 왕이 믿고 일을 맡길 수 있을 만큼 두터운 신뢰가 필요한 일이었다. 느헤미야가 왕에게 그런 신뢰를 얻고 있었기에 하나님이 주신 기회를 포착하여 사용할 수 있었다.

우리 삶 가운데 하나님은 기회를 주신다. 기도할 기회를 주시고 친구를 살릴 기회를 주시고, 내가 속한 공동체를 살릴 기회, 민족을 살릴 기회를 주신다. 그런데 우리가 영적으로 깨어 있지 않으면 놓쳐버리고 만다. 가족을 구원할 기회, 친구를 인도할 기회, 복음을 듣게 할 기회가 주어져도 내가 준비되어 있지 않으면 기회를 사용할 수가 없다. 느헤미야가 만약 기회를 놓쳤다면 새 역사를 쓸 수 없었을 것이다. 그러나 꾸준히 기도하고 하나님의 때를 민감하게 기다리며 준비하고 있었던 느헤미야는 기회를 놓치지 않았다.

한편, 기회를 포착하긴 했지만 하나님 뜻을 나타내는 데 쓰지 않고 자기의 욕망을 채우고 영광을 드러내는 데 쓰는 사람도 있다. 하나님 뜻을 드러내도록 주신 기회를 자기 뜻을 드러내는 기회로 오용하여 오히려 공동체와 하나님을 궁지에 몰아넣는다. 기도의 최우선순위는 하나님 앞에 합당한 뜻이 무엇인지를 분별하는 것이다. 어떤 일을 감당할 능력을 구하는 것은 그 다음이다.

지난 구정 연휴에 교회의 성도 한 분이 상을 당해서 합천 해인사를 다녀왔다. 나는 경남지역에서 지내봤기 때문에 절 주위는 전도가 되지 않는다는 것을 알고 있었다. 그런데 그 분은 해인사 근처에서 예수를 믿었다기에 신기해서 "집사님, 어떻게 교회에 나가게 되셨습니까?"라고 물어보았다. 그 분이 6살 때 어머니가 마루에 앉아서 흥얼흥얼 찬송가를 부르시던 기억이 있다고 했다. 커서 경찰이 되었는데 군부정치가 들어오면서 경찰에서 해직되어 먹고살 길이 막연했다. 다른 기회도 다 막혀버린 상황에서 하나님께 기도를 했다. "하나님, 이런 일이 일어났습니다. 하나님이 주인이고 우리를 먹이시는데 하나님께서 우리를 먹이지 않으시겠다면 먹지 않겠습니다. 네 식구가 하나씩 하나씩 굶어죽겠습니다." 3년간 그렇게 기도했다. 친형이 수백 억대의 부자인데도 전혀 도움을 받지 않았단다. 하나님 앞에 승부를 걸겠다는 신념으로 3년간을 하나님께 매달려 기도했는데 기적적으로 복직이 되어서 먹고살 길이 마련되었다. 그 이후 교회도 착실히 다니며 하나님을 섬기고 있다는 것이었다. 지금은 일에서 은퇴했지만 감사의 자랑은 아직도 생생하다. "목사님, 제가 연금을 받다니요. 정말 불가능한 일이었지요. 어려운 상황 때문에 하나님께 기도했을 뿐인데 하나님은 제 미래까지도 보장해 주셨습니다."

오늘 어렵고 힘든 일을 만났다면 그것은 기회다. 우리 믿음을 시험하시고 인격을 성장시키시는 기회인 것이다. 하나님께서 자기 아들까지 내어줄 정도로 사랑하는 우리에게 어려움을 주시는 이유가 무엇이겠는가? 우리 기도의 응답이 지연되는 것은 우리를 낙심케 하기 위함인가? 결코 그렇지 않다. 하나님이 이루어주실 그 날을 바라보며 오늘 자신을 준비해야 한다. 우리는 참 귀하다. 그러나 준비되지 않은 사람은 그 날에 쓸 수가 없다.

5장
우리 안에 있는 거침돌

느헤미야 2:7-20

120여 년 전, 미국 뉴욕이 번창하자 맨해튼 섬과 브루클린을 왕래하는 사람도 점차 늘어갔다. 다리가 없던 때라 많은 사람이 배를 이용하는 불편을 감수하고 있었지만, 워낙 물살이 거세서 아무도 다리를 세울 엄두를 내지 못했다. 그런데 존 뢰블링이라는 기술자가 교각 없는 다리를 설계했다. 다른 전문가들은 그를 공상가라고 놀리며 비웃었지만 이에 굴하지 않고 존 뢰블링은 아들 워싱턴 뢰블링과 함께 교각 없는 다리를 건설하기 시작했다.

처음부터 난공사였다. 불과 몇 달 되지 않아 뜻하지 않은 사고로 존 뢰블링은 공사 도중에 생명을 잃는다. 존이 죽고 난 후 그의 아들 워싱턴 뢰블링이 계속해서 공사를 이어갔지만 그도 강압병(dysbarism)에 걸리고 말았다. 뢰블링 부자의 꿈뿐만 아니라, 교각 없는 다리도 좌절되는 듯이 보였다. 그러나 겨우 손가락 하나를 움직일 수 있었던 워싱턴 뢰블링은 침대에 누워서 자기 아내의 팔을 두드리며 대화를 시도했고 침상에서 다리 공사를 진행시키기에 이르렀다. 워싱턴 뢰블링의 열심에 감동 받은 공사장의 사람들은 먹고 자는 일까지 잊어가며 열심히 일했다. 그러기를 13년, 마침내 브루클린 다리가 완공되었다. 1883년의 일이다.

사람들의 조롱도, 거센 물살도, 예기치 않은 사고로 인한 죽음과 장애도 맨해튼 섬과 브루클린 사이에 교각 없는 다리를 세우겠다던 뢰블링 부자의 꿈을 꺾지는 못했다. 이 다리는 교각 없는 최초의 다리라는 것보다 수많은 좌절을 극복하고 완성된 다리로 더욱 유명하다. 오늘 우리 주위에도, 인생의 거침돌 앞에 무릎 꿇지 않고 운명에 맞서 극복하며 삶을 아름답게 마무리한 사람이 많이 있다.

우리는 인생길에서 수많은 장애물을 만나게 된다. 장애물은 우릴 지치게 만들고 때로는 그 앞에 주저앉게 한다. 희망을 품고 떠난 길에서 갑자기 거침돌을 만나면 어찌 할 바를 모른 채 주저앉고 말지도 모른다. 고생 끝에 이제 행복을 누리나 했는데 건강에 이상이 오거나, '이번 일만 잘되면 새로운 인생을 사는 거야' 하는 마음으로 일을 추진하다가 상황이 악화되어 덫에 빠지기도 한다. 이제는 방황하지 않고 잘 살아야겠다고 결심한 순간 더 큰 방황의 여건들이 기다리고 있는 것을 경험한다. 이럴 때 어떻게 해야 할까? 인생의 거침돌 앞에 멈추어서 그곳을 내 인생의 종착지로 삼을 수는 없지 않은가?

느헤미야는 예루살렘 성을 재건하는 어려운 과정에서 계속 거침돌과 마주쳤지만 낙담하지 않았다. 오히려 거침돌을 디딤돌 삼아 하나님이 주신 사명을 완수했다. 느헤미야는 어떻게 자기 앞을 막아서는 장애물을 넘어설 수 있었을까? 오늘 우리는 그의 지혜가 필요한 때를 살아가고 있다.

예기치 못한 거침돌, 나

아이러니하게도, 우리가 곧잘 부딪히는 거침돌은 외부의 환경보다도 외부 환경에 반응하는 우리 자신의 모습이다.

수산 성에서 지내던 느헤미야가 기도 중에 예루살렘 성벽 재건의 비전을 받고, 하나님의 은혜로 변덕스러운 반대자였던 아닥사스다 왕에게 허락을 받아, 왕의 배려 가운데 유다 땅까지 안전하게 통과할 수 있는 조서와 왕의 재목을 쓸 수 있는 권한과 호위하는 군대와 마병까지 제공받고 예루살렘 성에 도착했다. "하나님의 선한 손이 도우시므로"(2:8, 개역개정) 일사천리로 일이 진행되었다. 느헤미야는 도착하자마자 아무것도 하지 않고 3일간 기도한 후, 나흘째 되는 날 밤에 몇몇 사람과 성벽이 얼마나 훼파되었는지를 살펴보았다. 철저한 조사를 마치고 난 느헤미야는 결정적인 순간이 왔을 때 사람들을 설득했다. 사람들의 마음에 동기가 부여되고 드디어 성을 건축하자는 움직임이 일어나는 순간, 결정적인 방해물이 나타난다. 산발랏과 도비야와 게셈의 등장이다. 이들은 이제껏 예루살렘 성을 재건하지 못하도록 방해해 온 이스라엘의 적대 세력이다. 그들은 느헤미야와 이스라엘 백성의 움직임을 보고 '비웃고' '업신여기며' 빈정댄다.

하나님이 허락하신 일이라는 분명한 확신을 가지고 일을 진행할 때에도 장애물은 나타난다. 그럴 때 우리는 곧잘 이렇게 생각한다.

'하나님의 뜻이 무엇인가? 정말 이 일을 하나님이 원하시는가? 하나님의 뜻이라면 이렇게 반대에 부딪힐 수 있는가?' '내가 무엇이라고 이런 일을 하는가? 내가 과연 자격이 있는가? 나는 지혜도 능력도 부족하고 성품도 다듬어지지 않은 모자란 사람이 아닌가?' 어쩌면 이런 생각에 빠져 슬그머니 포기할지도 모른다.

느헤미야 역시 하나님의 선하신 손이 도우셔서 수월하게 진행된다고 생각했지만 결정적인 순간에 장애물을 만났다. 산발랏과 도비야가 나타났을 때 느헤미야가 위와 같은 생각으로 일을 중단했다면 어떻게 되었을까? 새로운 역사를 만들어내지도 못했을 것이고, 쇠락한 이스라엘이 하나님 앞에 새롭게 서는 일도 없었을 것이다.

마가복음 6장 31절 이하에 예수님께서 보리떡 다섯 개와 물고기 두 마리로 오천 명을 먹이시는 사건이 나온다. 예수님이 제자들에게 먹을 것이 얼마나 있는지 찾아보라고 하셨을 때 제자들이 가지고 온 것은 물고기 두 마리와 보리떡 다섯 개뿐이었다. 이것으로 수많은 무리를 먹인다는 것은 불가능했다. 그런데 예수님은 "너희가 나누어주어라" 하고 말씀하셨고, 말씀하신 대로 순종했더니 장정만 오천 명을 먹이고도 열두 바구니가 남았다. 제자들은 흥분했다. 그리고 아무리 불가능한 일이라도 주님 말씀만 믿고 순종하면 기적과 이적이 나타난다는 것을 확신하게 되었다.

이어 예수님은 제자들에게 배를 타고 건너편으로 먼저 가 있으라고 말씀하셨다. 그런데 문제가 생겼다. 말씀을 믿고 가는 길에 엄청난 태풍을 만난 것이다. 바람이 어찌나 거센지 힘겹게 노를 저었지만 도무지 정신을 차릴 수 없었다. 그러나 제자들에게는 태풍을 만난 어려움과 고통보다도 말씀에 순종해서 가는 길에 태풍을 만났다는 당황스러움이 더 컸을 것이다. 주님의 뜻대로 가는 길이니 휘몰아치던 태풍도 잠잠해져야 할 텐데 잠잠하던 바다에 갑자기 태풍이 불어 닥치니 혼란스럽기도 하고 주님 말씀이 이것이 맞나 다시 생각해 보게도 되었을 것이다.

신앙생활 가운데서도 이런 경우를 많이 볼 수 있다. 하나님께서 기뻐하시는 뜻이라고 믿고 일을 맡았지만 계속 어려움에 봉착한다. '이건 아닌 모양이야, 내가 맡지 말아야 할 것을 맡았나 봐.' 신앙생활을 잘해 보겠다고 굳게 마음먹었지만 교회에 출석하지 못할 사정이 계속 생긴다. '역시 나는 교회와 상관없는 사람인가 봐.' 자책에 빠지기 전에 한번 생각해 보라. 하나님이 왜 그런 어려움을 허락하셨을까? "저희가 그 떡 떼시던 일을 깨닫지 못하고 도리어 그 마음이 둔하여졌음이러라"(막 6:52). 주님이 원하시는 것은, 태풍이 부는 어려움 가운데서도 물고기 두 마리와 보리떡 다섯 개로 오천 명을 먹이신 전능하신 하나님을 여전히 신뢰하는 것이다. 오늘 우리 역시, 믿음으로 나가는 그 길에 장애물이 나타나고 어려움이 있다 할지라도 좌절하고 돌아서는 것이 아니라 여전히 하나님을 신뢰하기를 주님은 원하신다.

어려움을 주시는 이유가, 인간의 속성상 모든 일이 순탄하게 진행되면 자기 노력과 능력 때문인 줄 알고 교만해지는 것을 방지하기 위한 하나님의 배려일 때도 있다. 느헤미야에게는 이보다 조금 더

진전된 하나님의 뜻과 섭리가 있었다. 느헤미야는 성이 훼파되었다는 소식을 듣고 슬퍼하며 무려 4개월 동안이나 엎드려 기도했다. "저 난공불락의 요새 같은 아닥사스다 왕의 마음을 누가 바꿀까……. 하나님! 왕의 마음을 바꿔주십시오." 간절한 기도에 하나님이 응답하셨을 뿐만 아니라 왕의 조서를 주어 가는 길이 순탄하도록 해주셨다. 아닥사스다 왕이라는 거침돌이 하나님의 살아 계심과 능력을 백성들에게 증거하는 디딤돌로 쓰임 받은 것이다. 이와 같이 거침돌인 줄로만 알았던 고통과 어려움이 지나고 보면 오히려 디딤돌이 되어준 예는 우리 삶에서도 많이 찾을 수 있다.

하나님을 좇아 가는 인생길에서 거침돌을 만나거나 디딤돌을 찾지 못하면 낙심하고 방황하고 절망하기가 쉽다. 어디서 디딤돌을 찾을 것인가? 잃어버린 디딤돌을 찾는 비결은, 지금 이 자리까지 오는 동안 나를 가로막았던 수많은 어려움을 기억해 보는 것이다. 바로 그 어려움을 통해 하나님의 자비와 능력과 사랑을 경험하고 그 어려움을 딛고 지나왔음을 깨닫는 것이다. 동일하신 하나님을 신뢰하면서, 다시 디딤돌을 찾아보라. 나를 늪처럼 빨아들일 듯하던 눈앞의 거침돌을 딛고 앞으로 나갈 때 어느새 거침돌이 든든한 반석처럼 나를 세워주고 있음을 알게 될 것이다.

공동체를 무기력하게 만드는 거침돌

예루살렘 성벽을 재건하려는 느헤미야에게 또 다른 거침돌은 이스라엘 백성의 마음속에 있는 패배의식이었다. 몇 십 년 전에 성을 건축하려 했었으나 안 되었다는 것이다. 과거에 실패한 경험은 마음속에 패배의식을 남겨둔다. 그래서 어떤 일을 처음 시도하는 사람과 일하는 것보다도 실패한 경험이 있는 사람과 같이 일하는 것이 훨씬 어려운 것이다. "전에 해봤다." "이번에도 안 될 것이다." "불가능한 일이다." 이런 소리들이 터져 나온다. 무너진 성벽은 예루살렘 성이라는 물리적 공간이 허물어진 것만이 아니라 예루살렘으로 상징되는 이스라엘 백성 공동체가 분열되고 허물어진 것을 보여주고 있었다.

그런가 하면 전통 있는 교회에 가면 흔히 듣는 말이 있다. "전에 계시던 목사님은 그렇게 하지 않았다." "전에는 그런 적이 없다. 분명히 안 될 것이다." 자기의 좁은 경험만으로 이미 안 된다는 판단을 내리고 다른 가능성을 살펴보려 하지 않는다. 새로운 시도, 낯선 움직임 자체를 거부하는 것이다. 전통의 틀을 벗어나면 모두 '틀리고' '잘못된' 것이며 분명 '실패할' 것이라는 생각에 갇혀 있다. 실패를 경험한 사람의 특징은 실패한 일과 실패할 일을 주야로 묵상하며 실패를 피하려고 노심초사한다는 것이다. 실패에 대한 두려움은 사람을 그리고 공동체를 무기력하게 만든다. 이런 마음들에 동기를 불어넣고 움직이게 만들어 함께 무언가를 해나가기란 참으로 어렵고 고된 일이다.

미국의 전 대통령 트루먼이 이런 말을 했다. "우리가 만나는 가장 나쁜 위험은 의심과 두려움으로 인해서 무기력해져 있는 위험이다. 이런 위험은 신념을 포기하고 희망을 우습게 여기는 사람들에 의해서 생겨난다. 또한 그것은 냉소와 불신을 퍼뜨리고 모든 인류를 위하여 선한 일을 하는 위대한 기회에 대해 우리의 눈을 멀게 만든다."

실패한 사람의 또 다른 특징은 일을 자꾸 미룬다는 것이다. 신중하게 보이지만 사실은 신중한 것이 아니라 자신이 없는 것이다. 추진력 있는 기업가 빅터 키암은 일을 미루는 것은 기회를 죽이는 타고난 암살자와 같다고 했다. 또다시 실패할 것이 두려워 자꾸 시기를 늦추다가 시간과 생산성과 잠재력을 도둑맞는 것이다.

변화를 싫어하고 실패도 실수도 저지르지 않을 일만 선택한다면 삶의 의미를 발견할 수 없다. 자기 연민과 변명에 빠져 새로운 시도를 해야 할 이유를 찾지 못하고 우울해지기도 한다. 변명은 삶을 개척해 나갈 가능성을 포장해 버리기 때문에 실패의 두려움에서 벗어나지 못하게 만든다. 실패에 대한 두려움에서 파생된 수많은 생각이 마음을 산만하게 만들어 엉뚱한 일에 에너지를 쓰게 된다. 과거의 실패 속에 갇혀 있는 사람과 함께 일하는 것은 무거운 짐을 지고 시작하는 것처럼 어려운 일이다.

그러나 느헤미야는 실패한 사람들을 다시 일으켜 세운다. "후에 저희에게 이르기를, 우리의 당한 곤경은 너희도 목도하는 바라. 예루살렘이 황무하고 성문이 소화되었으니 자, 예루살렘 성을 중건하여 다시 수치를 받지 말자 하고 또 저희에게 하나님의 선한 손이 나를 도우신 일과 왕이 내게 이른 말씀을 고하였더니 저희의 말이 일어나 건축하자 하고 모두 힘을 내어 이 선한 일을 하려 하매"(2:17-

18). 느헤미야는 이 일이 하나님께서 명하신 일이며 이제까지 하나님의 선한 손이 도우시며 함께하셨음을 알렸다.

당하고 있는 고난과 어려움보다 더 힘든 것은 혼자라는 생각, 외로움, 고독이다. 고독을 느끼면 일어날 힘이 없다. 마치 척추가 사라진 것처럼 몸을 곧추세울 수 없이 낙담하여 바닥에 주저앉게 된다. 이런 낙담에서 우리를 다시 일으키는 힘은 용기와 격려다. "당신의 삶은 의미가 있습니다. 하나님은 당신을 버리지 않았습니다. 하나님은 당신과 함께하십니다. 어떤 상황에 있다 할지라도 하나님은 당신과 동행하십니다" 라는 말에서 의미를 발견한다면 다시 일어설 힘이 생긴다. 하나님은 우리를 고아와 과부와 같이 버려두지 않겠다고 약속하셨다. 세상 끝날까지 함께하겠다고 하셨다.

사백 년 동안 하나님이 아무 말씀도 하시지 않는 암흑기를 겪고 있던 이스라엘에게, 하나님께서 드디어 가브리엘 천사를 통해 마리아의 남편 요셉의 꿈에 나타나셨다. "보라 처녀가 잉태하여 아들을 낳을 것이요 그 이름은 임마누엘이라 하리라 하셨으니 이를 번역한즉 하나님이 우리와 함께 계시다 함이라"(마 1:23). 이스라엘 백성들이 저주처럼 생각하는 말이 바로 '이가보시', 즉 '하나님의 영광이 떠났다' 이다. 그러나 '하나님이 너희와 함께 계신다' 는 '임마누엘' 의 기쁜 소식은 이스라엘 백성들에게 큰 힘이요 기쁨이다.

오늘날 우리에게도 하나님이 함께하신다는 놀라운 메시지는 동일하다. 의미 없는 하루하루 같더라도 우리 삶 속에 하나님이 동행하신다. 하나님이 우리와 함께 계시다. 혼자 사는 줄 알았던 버거운 삶 가운데 하나님이 함께하고 계셨음을 깨닫고, 예배를 통해 하나님의 임재를 체험하고, 말씀이 살아서 가슴을 때리고 나를 변화시키는 능력을 체험할 때 우리가 그토록 갈망하던 은혜를 누린다. 바로 여기서 소생의 역사가 일어난다.

예배 때 강단 앞에 서면 성도들의 얼굴이 하나하나 다 보인다. 설교를 시작할 때는 고개를 숙이고 있던 성도들이 메시지가 선포됨에 따라 점점 고개를 들고, 설교 후 찬송을 부를 때쯤이면 그 얼굴에 기쁨과 평안이 넘치는 것을 보는데, 그 모습 자체로 큰 은혜가 된다.

느헤미야가 백성들에게 일깨워준 것이 바로 하나님이 함께하신다는 메시지다. "우리는 혼자가 아닙니다. 하나님이 우리와 함께하십니다."

느헤미야는 이스라엘 백성의 신분을 깨닫게 한다. "하늘의 하나님이 우리를 위하여 이 일을 꼭 이루어주실 것이오. 성벽을 다시 쌓는 일은 그분의 종인 우리가 해야 할 일이오."(2:20, 새번역). 침략당하고 짓밟혀 포로가 된 사람들, 제 목소리를 제대로 내지 못하는 절망한 사람들에게 말한다. "여러분은 하나님의 종입니다. 하나님께서 하나님의 일을 위해 여러분을 선택하셨습니다. 그리고 이 자리에 두셨습니다. 하나님의 선한 일을 감당할 사람이 바로 여러분입니다."

예배를 드리는 일도 아니고 성전을 건축하는 일도 아닌, 성벽을 다시 쌓는 이 일이 하나님께서 이스라엘 백성에게 맡기신 하나님의 일임을 분명히 하고, 이스라엘이 하나님의 종이라는 정체성을 일깨워준 느헤미야로 인해 백성들은 용기를 내지 않을 수가 없었다.

하나님의 일이 무엇인가? 내가 목사로서 설교를 한다고 해도 사람들에게 인정받기 위해 그 일을 한다면 이는 세속적인 일이다. 그러나 우리가 집에서 밥을 하고 빨래를 하거나, 직장에서 일을 하고 하다못해 사소하고 간단한 잔업을 처리하더라도 중심에 그 일을 하나님께서 맡기신 일로 믿고 정성을 다한다면 그 일이 바로 성직이며 그 현장이 성전이다.

하나님은 우리를 통해 하나님의 역사를 드러내기 위해 우리를 가정에 파송하셨다. 하나님의 영광을 드러내도록 우리를 직장으로 파송하셨다. 목회자가 각 가정과 직장으로 찾아갈 수는 없으나 곳곳에 파송된 하나님의 백성으로 인해 그곳은 하나님의 나라가 되고 그 현장 속에 임하시는 하나님을 경험하게 된다.

그러므로 우리는 보냄 받은 자의 의식을 가지고 살아가야 하며 필요한 훈련이 되어 있어야 한다. 이는 곧 선교사의 영성이다. 예수님의 이름을 부른다 할지라도 보냄 받은 자로서 훈련되어 있지 않으면 삶의 현장에서 예수 믿는 사람으로 살아가지 못한다. 교회의 직분이나 신앙 연차와는 관계가 없다. 스스로 가정과 직장에 보냄 받은 하나님의 사람이라는 정체성이 분명하고 그에 합당한 준비가 되어 있다면 내 삶의 현장을 하나님의 나라로 바꾸어갈 수 있다. 성경을 공부하고 여러 가지 훈련 받는 것을 두려워하거나 기피하지 말라. 주님의 자녀로서 흔들리지 않는 정체성을 가지라.

느헤미야는 이스라엘 백성에게 "우리의 당한 곤경은 너희도 목도하는 바라. 예루살렘이 황무하고 성문이 소화되었으니 자, 예루살렘 성을 중건하여 다시 수치를 받지 말자"(2:17)라고 말하면서 그들이 지금 처한 상황과 현실이 어떠함을 일깨운다. 실패한 과거에 매몰되어 있는 사람은 객관적인 시각을 잃어버리고 자기의 좁은 생활이 전부인 줄 생각한다. 서커스단 코끼리를 본 적이 있는가? 서커스단에서는 거대한 코끼리를 나무말뚝에 평범한 밧줄로 묶어놓는다. 하지만 코끼리는 아주 어릴 때부터 쇠말뚝에 쇠사슬로 묶여 자랐기 때문에 아무리 애써도 벗어날 수 없다는 걸 알고 있다. 이제는 덩치도 크고 힘도 세졌지만 여전히 사슬을 끊을 수 없다고 생각하여 애초에 포기하고 정해진 선 밖을 나가지 않는다. 이렇게 자란 코끼리는 나무말뚝에 밧줄만으로 충분히 통제가 가능하다. 어릴 때 탈출에 실패한 경험이 굳어져서 지금의 변한 현실을 바로 보지 못하는 것이다.

하나님의 말씀이 선포되면 진정한 현실을 볼 수 있다. 하나님의 말씀에 비추어 내 삶에서 기도의 부분 혹은 신앙의 부분, 하나님을 바라는 소망의 부분 등 어디가 무너졌는지가 깨달아지는 것이다.

설교를 하고 나면 가끔 나를 찾아와서 이런 이야기를 하는 분들이 있다. "목사님! 제 이야기 좀 그만 하십시오. 집사람이 제 이야기를 그렇게나 많이 했습니까?" "너무 비참하니 이제 그만 하십시오." 말씀을 통해서 자신을 보는 것이다. 이렇게 느낄 수 있는 것이 은혜다. 자기 스스로는 의롭다고 여길지 모르나, 하나님 말씀에 비추어 보면 의로울 수 없다. 말씀은 우리가 마땅히 지향해야 할 삶의 모습을 보여준다.

유럽의 어느 박물관에는 천재 화가 렘브란트의 그림 두 점이 걸려 있다고 한다. 하나는 렘브란트가 무명 시절 그린 그림으로 천재성이나 소질을 전혀 볼 수 없는 조잡하고 볼품없는 것이고, 다른 하나는 엄청난 가치를 가지고 있는 그림인데 공교롭게도 나란히 걸어놓았다. 관람객들은 두 그림을 보면서 렘브란트가 위대한 화가가 되기까지 얼마나 긴 세월 동안 인내하며 노력했을지를 생각하게 된다.

하나님의 말씀은 진정한 우리 자신의 모습을 보게 만들어 어떻게 살아야 할지를 일깨운다. 실패하고 낙담하여 하나님 자녀다운 모습으로 살기보다는 수치와 두려움 속에 살고 있지는 않은지 점검해야 한다.

느헤미야가 성을 쌓을 때 산발랏과 도비야, 게셈이 거침돌이 되었다. "호론 사람 산발랏과 종 되었던 암몬 사람 도비야가 이스라엘 자손을 흥왕케 하려는 사람이 왔다 함을 듣고 심히 근심하더라"(2:10)는 말씀에서 알 수 있듯이 이들은 하나님의 백성이 하나님 백성답게 사는 것을 못마땅하게 여기는 세력이다.

오늘 우리 삶에도 하나님의 뜻을 따라 무너진 성을 건축하고 기도의 성, 사랑의 성, 비전의 성을 다시 쌓는 것을 방해하는 세력이 있다. 바로 사단의 무리다. 영적인 세계에 무지한 신앙생활은 반쪽짜리다. 이 땅에서의 현상만 현실이 아니라 영적인 세계의 영적인 현실도 있다.

인생에 절망과 좌절이 찾아들 때 영적 전쟁을 선포하라. 영적 전쟁의 무기는 기도와 말씀이다. 그런데 우리가 문제를 만나면 가장 먼저 빼앗기는 것이 다름 아닌 기도하고 말씀 보는 자리다. 내 감정과 욕심이 기도의 자리를 대신하고, 내 경험과 지식이 하나님 앞에 나아갈 겸손의 자리를 대신하게 되면, 하나님 뜻을 이루기보다 육신의 정욕을 도모할 가능성이 더 많다. 기도와 말씀으로 무장하지 않은 사람은 어둠의 영에 통로를 제공할 수 있다. 그러므로 기도의 자리를 빼앗겨서는 안 된다. 잃었더라도 다시 찾아야 한다. 어려움이 다가오면 '영적 전쟁이구나. 사단이 나로 하여금 하나님 뜻대로, 하나님 말씀대로 살지 못하도록 묶어두는구나'를 깨닫고 기도의 자리로 돌아와야 한다. 말씀의 훈련을 다시 받고 말씀을 가슴판에 깊이 새겨야 한다. 이것이 영적 전쟁을 선포하고 나아가는 지혜로운 주님의 백성의 삶이다.

느헤미야는 방해하는 세력에게 "예루살렘에서는 당신들이 차지할 몫이 없소. 주장할 권리도 기억할 만한 전통도 없소"라고 분명하게 영적인 선포를 한다. 이와 같이 어둠의 영은 우리에게서 하나님이 주신 자녀의 권세를 빼앗을 명분도 권리도, 그 어떤 것도 없다. 그런데 오히려 우리가 그냥 내준다! 아무것도 요구할 권리가 없는 그들이 그럴듯한 말로 우리를 압박할 때, 말씀을 기억하고 약속을 주장하며 선포를 해야 한다. "어둠의 영아! 하나님이 주신 평안을 네게 빼앗길 아무런 이유가 없다. 네가 차지할 몫은 아무것도 없음을 선포한다." 하나님이 주신 평강을 주장하고 감사하며 소망 가운데 하나님을 찾으라.

우리에게 있는 영적 권세를 주장해야 한다. 아버지는 자녀를 축복하고 가정을 축복할 권세가 있다. 영접한 자, 곧 그 이름을 믿는 자는 하나님의 자녀로서의 권세가 있다. 하나님이 주신 이 권세는 세상의 흑암이나 절망이나 정복자나 어떤 악한 영들도 끊어낼 수 없는 것이다. 말씀의 약속을 확신하고 주장하며 선포할 때 영적인 전쟁에서 승리하며 나아간다. 느헤미야는 기도를 늦추지 않았다. 하나님의 말씀과 약속을 주장하고 선포한 결과 승리할 수 있었다.

인생이 그리 만만치 않다. IMF 관리체제 아래 있을 때보다 경제적으로 더 어렵다고들 한다. 내 주위에도 끼니를 거르는 형제자매가 있을지 모른다. 가난 때문에, 또 다른 이유로, 마음이 이미 무너지고 소망이 끊어져 더 이상 살 용기를 내지 못하는 사람이 있을지 모른다.

느헤미야를 기억하라. 하나님이 우리와 함께하신다는 것과 믿음으로 걸어가는 길에도 어려움은 찾아온다는 것, 그러나 어려움이었던 거침돌이 현실을 딛고 일어서게 만드는 디딤돌이라는 것, 내가 하나님의 자녀라는 것과 나를 버리지 않고 동행하신다던 하나님 약속을 다시 한 번 기억하라. 그리고 영적인 전쟁 가운데서 기도하고 말씀 보는 자리를 사수하라.

6장
함께하는 사역의 자리

느헤미야 3장

'파레토의 법칙'이라는 것이 있다. 백 년 전 이탈리아인 경제학자 빌프레도 파레토(Vilfredo Pareto, 1848-1923)가 처음 발견한 법칙으로, 흔히 '80 대 20 법칙'이라고도 한다. 파레토는 19세기 영국의 부와 소득의 유형을 연구하던 중에 소수의 국민이 대부분의 소득을 벌어들이고 있다는 사실을 발견했다. 즉 인구의 20%가 전체 부의 80%를 차지하고 있었다. 파레토의 법칙은 지금도 경제와 사회에 매우 중요한 원리로 통용되고 있는데 비단 소득분배만이 아니라 다른 여러 영역에도 적용된다. 전체 상품 중 20%의 상품이 80% 매출을 내고 있으며, 전체 고객의 20%가 전체 매출액의 80%를 기여하고 있다고 한다. 또한 어느 조직이든 능동적으로 움직이는 20%가 전체 조직의 80%를 관장하며, 개인의 경우에도 20%의 시간을 잘 쓰면 나머지 80%를 풍성하게 사용할 수 있다.

그런데 교회도 마찬가지로 전체 성도 중 20%만 능동적으로 여러 활동에 참여하고 있다. 20%의 힘만으로 교회의 80%가 운영되고 있다는 현실은 누구나 공감할 것이다. 그러나 이 구도가 길어지고 그대로 고착되면 활동적으로 움직이는 20%는 소진되고 나머지 80%는 자기가치감을 느끼지 못해 점차 교회 활동에 흥미를 잃게 된다. 그래서 이제는 나머지 80%에게 어떻게 동기를 부여하여 적극적으로 움직이게 할 것인지가 화두로 떠오르고 있다.

리처드 코치라는 사업가는 자신이 옥스퍼드 대학을 다닐 때 책 한 권의 가치를 전체 분량의 20%에서, 그리고 책을 처음부터 끝까지 통독하는 시간의 20% 이내에서 얻을 수 있었다는 것을 발견하였다. 그는 여기에 착안하여 세계적인 호텔경영학자로서 두각을 나타냈고, 1980년대에 세계에서 가장 성공한 비즈니스전략회사인 '엘이케이 파트너십'(The LEK Partnership)의 창업주가 되었다. 리처드 코치는 버려지는 80%를 어떻게 활용할 것인가를 연구하여, 개인과 기업을 활성화시키는 데 많은 도움을 주었다.

느헤미야는 능력 있고 열정도 있는 20%에 속한 사람이었지만 80%의 가능성을 볼 줄 아는 사람이었다. 이미 여러 사람이 시도했다가 실패한 과거의 경험과 현실적으로 불가능했던 수많은 여건을 뚫고 이뤄낸 예루살렘 성벽 재건은 이스라엘 지도자 20%만의 역사가 아니었다. 3장에 나오는 수많은 사람들의 이름을 보면 이 일이 느헤미야의 힘과 지도력뿐 아니라 이스라엘 민족 전체가 함께 참여하여 완성시킨 작품임을 알 수 있다. 사람들은 좀처럼 움직이려 하지 않는다. 그 많은 인원을 예산과 조직의 낭비 없이 충분히 활용할 수 있었던 이유는 무엇이었을까? 파레토의 법칙을 뛰어넘는 하나님의 법칙을 느헤미야는 알고 있었다.

요즘 우리 사회를 바라보며 어떤 생각을 하는가? 경제는 계속 어렵다는 소리만 들리고, 정치는 소망이 없어 보이고, 사회 곳곳에 불안과 불신이 팽배해 있다. 어쩌면 이제는 가망이 없다고, 내 살 길이나 찾아야겠다고 생각할지도 모르겠다. 이혼율이 30%를 넘으면 사회 자정능력을 상실한다는데, 우리는 그 선을 뛰어넘은 지 벌써 오래다. 마치 느헤미야 시절의 황폐한 예루살렘을 보는 것 같다. 그러나 포기할 수는 없다. 이 나라, 이 사회의 현실은 곧 내 삶의 문제이기 때문이다. 내 자녀의 문제이며, 우리 미래가 달린 문제이기 때문이다. 나아가 하나님께서 이 터전을 통해 우리 조상들을 축복하셨고, 앞으로도 여전히 축복하실 것이기 때문이다. 문제가 너무 크다고, 내가 너무 작다고 포기하고 돌아서기 전에, 불가능한 일을 가능케 한 느헤미야에게 그 비결을 배울 수 있다면 내 삶과 내가 속한 공동체와 사회에 새로운 역사를 이끌어내는 계기를 마련할 수 있다.

나에게 그리고 우리에게 동기부여를 하라

느헤미야가 예루살렘 성을 쌓을 수 있었던 첫 번째 비결은 동기부여의 원칙이다. 느헤미야는 백성들에게 예루살렘 성을 재건해야 하는 이유를 설명하면서 그들이 이 일을 자기 문제로 받아들이고 함께 참여할 수 있도록 기회를 열어 보였다.

아무리 옳고 좋은 일이라도 사람들은 이해관계가 얽혀 있지 않거나 자기 생존과 연관이 없거나 자기 일이라고 생각되지 않으면 쉽사리 참여하지 않는다. 예루살렘 성벽을 쌓는 일은 그들의 삶에 직접적으로 관계된 일도 아니고 이스라엘 민족이 그토록 귀하게 여기는 성전을 짓는 일도 아니었다. 그저 성벽을 쌓는 일이다. 그 와중에 성을 쌓는 것이 자기에게 이득인지 손해인지 계산하는 사람도 있었을 것이다. 사람마다 성벽을 쌓는 일에 얽힌 이해관계도 다양했을 것이다. 그러나 느헤미야는 모두가 참여할 수 있도록 동기를 부여했다.

왜 이 일을 해야 하는가? "이들은 주께서 일찍 큰 권능과 강한 손으로 구속하신 주의 종이요 주의 백성"(1:10)이기 때문이다. 이스라엘 백성은 하나님의 백성답게 살아야 한다는 의식이 있었다. 느헤미야가 예루살렘을 "열조의 묘실 있는 성읍"(2:3)이라고 표현한 데는, 그 땅이 하나님께서 인도하신 젖과 꿀이 흐르는 땅이며 하나님의 축복과 약속이 있는 땅이라는 믿음이 작용했다. 이스라엘의 과거 역사가 새겨져 있고 민족의 미래가 펼쳐질 땅이므로 아무리 어렵고 힘들더라도 그 땅을 지켜내야 한다는 믿음이다. 느헤미야는 백성들을 향해 "자, 이제 예루살렘 성을 중건하여 다시 수치를 당하지 맙시다"(2:17 참고)라고 말한다. 성문은 불타고 성벽도 변변히 없는 황폐한 예루살렘 옛 성터에 살던 사람들이 어떤 수치를 당했을까? 성벽이 없어서 외부에 그대로 노출되어 있는 불편함, 위험, 초라함도 있었겠지만 "출애굽의 하나님, 다윗과 솔로몬 왕의 하나님은 어디 있느냐? 선민이라고 자랑하던 그 자부심이 어디 있느냐?" 하며 비웃는 이방민족들의 시선만큼 견디기 힘든 것도 없었을 것이다. 성벽을 다시 쌓는 일은 너와 나 개인의 일일 뿐만 아니라 민족 정체성과 하나님의 영광이 걸린, 하나님께서 허락하신 위대한 과업이라는 사실을 일깨우며 동기부여를 하는 것이다. 백성들은 느헤미야의 말을 듣고 자신이 하나님의 선택받은 자녀이며 그 신분에 걸맞은 삶을 살아야 함을 깨닫고, 이 일이 헌신할 만한 충분한 가치가 있다고 판단하자 곧 행동을 시작했다.

3장에는 지명과 인명이 많이 등장한다. 흥미로운 점은 이들 가운데 행정구역상 예루살렘과 상관없는 사람들이 많이 있다는 것이다. 예를 들어 '드고아 사람들'(5절)은 예루살렘 남쪽으로 16킬로미터 떨어진 해발 850미터의 고지대 마을 드고아 성읍에 사는 사람들이다. 또 기브온 사람 믈라댜와 메로놋 사람 야돈도 행정구역상 유다의 예루살렘과 아무런 상관이 없다. 이렇듯 다른 성읍에 사는 사람들이 적극적으로 참여할 수 있었던 이유는 무엇일까? 그것은 이스라엘 모든 민족이 이 일을 바로 하나님의 일이라고 받아들였기 때문이다.

그럼 우리는 어떨까? 우리나라를 포기해도 될까? 우리가 딛고 선 이 땅 한반도는 하나님이 우리에게 주신 땅이다. 하나님이 복을 주시고 세밀한 계획과 섭리로 돌보고 계신 터전이다. 그러므로 이곳에서 우리의 미래가 펼쳐질 것을 꿈꿀 수 있다. 나라를 책임지는 것은 내 일이 아니니 나는 모른다 할 수 없는 것이다. 하나님은 당신의 꿈을 우리에게 맡기시기 때문이다. 내가 속한 교회에 대해서도 애정을 갖고 미래를 꿈꿔야 한다. 목사나 당회에 책임을 미루고 의미 없는 80% 속에 숨으려 해서는 안 된다. 교회를 통해 일해 오신 하나님의 역사와 섭리를 기억하고 교회가 하나님의 가족답게, 그리스도의 몸답게 제 역할을 감당하는지 살펴야 하며 교회의 제 역할을 함께 감당해야 한다. 진정한 예배를 드리고, 교회를 품고 기도하고, 궂은일을 서로 하고 공동체를 섬기는 것, 복음을 전하는 것, 영혼을 돌보는 것, 이웃과 지역 사회를 섬기는 것, 다음 세대를 길러내는 것, 그리고 하나님이 원하시는 뜻을 찾아 이뤄드리는 것. 이 모든 일이 교회 관계자만 하면 되는 '교회 일' 이 아니라 교회를 통해 함께 이루도록 주신 '하나님의 일' 이라는 것을 보게 된다면, 나에게 주어진 일을 감당하는 자세는 분명 달라질 것이다. 개인과 가정의 생활에서는 어떨까? 자녀를 양육하고, 배우자를 사랑하고, 이웃을 돌아보는 것을 하나님께서 맡기신 일로 받아들인다면 포기하고 싶다고 해서 쉽게 포기할 수는 없을 것이다.

성경은 "또 무엇을 하든지 말에나 일에나 다 주 예수의 이름으로 하고 그를 힘입어 하나님 아버지께 감사하라"(골 3:17), "무슨 일을 하든지 마음을 다하여 주께 하듯 하고 사람에게 하듯 하지 말라"(골 3:23)고 가르친다. 교회에 와서 옆자리에 앉은 사람에게도 '주께 하듯' 인사하라는 것이다. '웬 이상한 사람이 옆에 앉아 있지?' 라고 생각하며 눈길도 마주치지 않는 것이 아니라, 주님이 앉아 계신 것처럼 생각하고 주님께 하듯이 반갑고 따뜻하게 인사를 건네는 것이다. 어떻게 보느냐에 따라 우리 자세가 달라진다.

마찬가지로 '내가 어쩌다 떠맡게 된 일' 이 아니라 '하나님이 내게 맡기신 일' 을 한다고 생각하면, 전에는 미처 발견하지 못했던 힘과 열정이 샘솟는다. 성경은 주의 일이 따로 있는 것이 아니라고 말한다. 내 앞에 주어진 일을 주의 일이라 믿고 주님의 인도하심에 따라 진행해 가면 그것이 곧 주의 일이다.

백성들이 성벽 건축에 뜻을 모으자 느헤미야는 각 사람에게 건축할 구역을 정해 주는데, 여기서 그가 동기부여에 능한 사람이라는 것이 드러난다. 대제사장과 제사장들에게 할당된 구역은 양문과 그 옆 함메아 망대부터 하나넬 망대까지의 성벽으로, 양문이란 'sheep gate' 즉 양들이 지나다니는 문이다. 성전에서 제사를 지내기 위해서는 제물을 가지고 양문을 통과해서 들어가야 한다. 양문을 가장 많이 사용할 사람은 누구이겠는가? 당연히 제사장들이다. 제사장들은 양문을 건축하면서 정성을 들이고 기도를 심었을 것이다. "하나님, 예루살렘 성을 다시 세웁니다. 우리가 짓는 이 양문을 통해 백성들이 드리는 흠 없고 죄 없는 제물이 끊임없이 들어오게 하시고, 제물의 피로 우리의 죄와 우리 민족의 죄가 사해져서 하나님 앞에 나아가기를 원합니다. 이스라엘이 세상 모든 민족들 가운데 하나님의 택하신 백성이요 예루살렘이 하나님이 사랑하시는 성읍임이 온 천하에 드러나고, 흩어졌던 주님의 백성들이 곳곳에서 제물을 가지고 양문을 통해 예루살렘으로 들어오는 그 날을 속히 주시옵소서." 분명히 이런 뜨거운 마음으로 성을 건축하였을 것이다. 이렇듯 각 사람이 성벽 쌓는 것을 '내 일'로 여길 수 있도록 적절하게 구역이 맡겨졌다. 어떤 이들은 자기 집에서 가까운 구역을 맡았다. 느헤미야의 겸손하고 사려 깊은 동기부여로 성을 쌓는 모두가 '내가 하는 이 일이 곧 하나님의 일'이라고 여길 수 있었다.

찬송가 371장 '삼천리 반도 금수강산'은 1907년에 남궁억 선생이 작시한 곡이다. 당시 일본은 한반도를 삼키기 위해서 우리 민족에게 이 땅은 버려진 땅, 하나님이 우리를 버렸으며 따라서 일본이 돕지 않으면 안 될 땅이라는 인식을 계속 불어넣었다. 한일 병합(1910)을 앞두고 사람들 마음속에는 좌절감이 깊이 자리 잡고 있었다. 이 때 남궁억 선생이 곡을 지었다. "삼천리 반도 금수강산은 하나님이 주신 동산이다. 이 동산에 할 일이 많다. 그래서 사방에 일꾼을 부르고 있다. 삼천리 반도 금수강산은 하나님이 주신 동산이다. 지금은 절망하고 포기할 때가 아니라 봄 돌아와서 밭 갈 때니 사방에 일꾼이 필요하다. 삼천리 반도 금수강산은 하나님이 주신 동산이다. 지금은 곡식이 익어 거둘 때니 사방에 일꾼이 필요하다. 우리 모두 이 주님의 부름 앞에 응답하여 일하러 가자. 하나님 주신 이 삼천리 반도 금수강산에 일하러 가자." 한반도는 버려진 땅, 절망적인 땅이라 생각하던 젊은이들이 이 가사에 감동을 받고 농촌으로, 한반도 사방으로, 또 만주로 민족의 독립을 위해 헌신했다. 남궁억 선생의 찬송시에 담긴 애국과 소명의 정신은 세계역사상 유례를 찾아볼 수 없는 아름다운 3·1 운동으로 이어졌고, 일본의 탄압에도 사그라질 줄 모르는 불길이 온 민족의 가슴에 번져갔다. 결국 일본은 1937년 3월에 이 노래를 금지시켜 버렸다.

요즘 외국으로 이민을 떠나는 사람이 부쩍 많아졌다. 여러 가지 사정이 있겠지만 그 중에는 한국이 희망이 없고 가망이 없는 나라라서 살기 좋은 다른 나라로 떠난다는 사람도 있다. 한국을 포기해서는 안 된다. 지금 희망이 안 보이고 가능성이 안 보인다고 해서 이대로 무너지도록 놔두어서는 안 된다. 하나님은 나를 통해, 그리고 이 나라를 통해 하고 싶으신 일이 있다. 그렇다면 나에게는 하나님의 백성으로서 그 일을 감당할 특권과 목적이 있다. 하나님이 포기하지 않으셨다면 내가 포기할 이유가 무엇인가? 낙심과 절망의 자리에서 일어나자. 하나님께서 이 나라, 이 공동체를 가망 없다고 버리시지 않는다면 부족한 내 눈에 가망 없어 보이는 것은 내 시야가 좁고 짧은 탓이다. 그렇다면 내게 필요한 것은 이 일을 주님의 일로 바라볼 수 있는 믿음이다. 하나님의 시각으로 자신을 다독여 동기를 부여하라. 그리고 교회와 나라, 공동체를 살리는 이 일에 모두가 즐거이 참여할 수 있도록 동기를 부여하라.

연합하라

느헤미야가 불가능해 보였던 현실을 극복하고 예루살렘 성을 건축할 수 있었던 두 번째 비결은 연합이다. 성벽 재건에 참여한 사람들을 일일이 나열하고 있는 느헤미야 3장에는 이름이 기록된 사람만 75명이 등장한다. 사람마다 고유하게 맡은 일이 있고 각각의 일이 다른 일과 모자이크처럼 연결되어 전체를 완성한다. 느헤미야는 전체 성벽을 42개 구역으로 나누고, 10개의 문과 4개의 망대를 세워 그곳에 필요한 사람들을 배치했다. 3장에 가장 많이 사용된 단어는 "그 다음은"인데, 원어로 '웨알' (wə 'al)이라고 한다. '웨알'이란 계획과 분담과 책임이라는 의미가 들어 있다. 다시 말해, 사람들이 각각 구역을 정해 일을 분담했고 맡은 분량에 대해서는 책임을 지도록 한 것이다. 양문에서 시작하여 성벽을 다 돌아 다시 양문으로 돌아오기까지 어느 한 구역도 빠지지 않고 성벽이 완성된 것을 보면 75명이 넘는 사람들이 각자 맡은 부분을 충실히 수행하고 한 사람도 소외되거나 낙오하지 않았음을 알 수 있다. 혼자 힘으로는 할 수 없는 일이었으나 공동체의 구성원들이 연합하여 일을 이뤄냈다.

성벽 재건에 참여한 사람들의 직업 또한 다양하다. 기록된 것만 15가지다. 1절과 22, 28절에 나오는 대제사장과 제사장들은 성전을 지키고 예배드리는 것이 우선이라고 말할 수도 있으나 백성들과 같이 성 쌓는 일에 참여했다. 할해야의 아들 웃시엘(8절)은 금장색이라고 나오는데 금을 세공해서 장신구를 만드는 사람을 말한다. 31절의 말기야도 금장색이었다. 일의 특성상 험한 일을 하여 손을 다치거나 거칠어지면 안 되는데도 한 구역씩을 맡아 중수했다. "이건 내가 할 일이 아닙니다. 나는 금세공하는 사람이지 건설 인부가 아닙니다"라고 말하지 않았다. 비전을 위해 손해를 감수한 것이다. 향품 장사인 하나냐의 무리는 경제적으로 넉넉한 사람들로 성벽을 쌓는다고 별다른 이익이 있는 것도 아니었으나 함께 참여했다. 후르의 아들 르바야는 예루살렘 지방의 절반을 다스리는 높은 관리였는데 평민과 이방인들과 함께 성 쌓는 일에 참여한다.

특이한 것은 할로헤스의 아들 살룸과 그 딸들이다. 당시 여성의 지위란 정말 보잘것없어서 이렇게 언급되는 일이 드물 뿐 아니라,

성벽을 쌓는 고되고 험한 일에 여자가 참여하는 경우도 드물었다. 일손이 모자라 동원된 것인지 하나님의 일에 자원하여 동참한 것인지는 알 수 없으나 성경은 다른 사람들을 소개할 때와 동일하게 "……살룸과 그 딸들이 중수하였고"라고 기록하였다. 힘든 일이고 원래 여자가 하는 일도 아니니 얼마든지 빠질 수도 있었을 텐데 그들은 이유를 달지 않고 하나님께서 맡기신 일이라 믿으며 연합했다.

어떤 공동체든 그 구성원은 다양하다. 사람이 모두 독특하게 지음 받았기 때문이다. 아무리 연령대가 비슷하고 직업이 비슷하고 관심사가 비슷하다고 해도 모든 구성원이 다 내 마음에 쏙 드는 공동체는 없다. 성격, 관심사, 직업, 연령대, 가족 배경, 학력 등등 나와 다른 사람들과 공동체를 이룬다는 것이 쉽지만은 않지만 그렇다고 해서 그들이 공동체에 필요 없는 사람인 것은 아니다. 공동체에는 다양한 사람들이 있고 그들은 각자 공동체에 다양하게 기여한다.

시골에서 아궁이에 불을 피울 때, 밑불이 안 살아나면 불만 자꾸 넣는 것이 아니라 장작을 넣어준다. 그러면 밑불도 같이 살아난다. 공동체도 마찬가지다. 전통과 옛것만 자랑하고 그냥 이대로 우리끼리 편하게 실 생각만 하면 같이 썩어버린다. 새로운 사람, 새로운 생각이 들어올 때 옛 전통도 새롭게 거듭나 하나님께 새로이 헌신하고 변화되고 개혁되는 것이다.

그렇다고 낡고 오랜 것은 다 버리라는 것도 아니다. 역사는 하루아침에 이루어지지 않는다. 교회 하나가 세워지기까지는 많은 성도의 눈물과 희생 그리고 땀이 있었다. 남들은 모르는 사연이 여기저기에 묻어 있다. 역사와 전통, 변화와 개혁이 함께 존중될 때 연합의 역사, 새로운 역사가 일어난다.

가정에는 자녀도 있고 조부모도 있다. 물론 중심을 잡고 있는 부부도 있다. 요즘은 가정의 중심이 자녀로 옮겨간 것 같아 문제이지만, 어린 자녀가 부모에게 주는 기쁨은 얼마나 큰지 모른다. 아이들이 하는 일이란 울고 떼쓰고 어지르고 더럽히고 부모를 괴롭히는 것뿐이고 부부가 둘만의 시간을 가지려고 하면 여지없이 훼방을 놓는데도, 그 자녀가 없었으면 좋겠다고 생각하는 부모는 없다. 가정에서 큰 역할을 하는 것은 없어도 자녀의 존재 자체가 중요하고 사랑스러운 것이다. 그래서인지 자녀들은 언제나 당당하다.

연세 많으신 어른들도 당당한 삶의 자리가 있다. 상담을 공부해보니, 할머니 할아버지와 자란 아이들은 정신 질환이 없다. 할머니 할아버지에게서 인생의 풍성함을 배우기 때문에 다른 아이들보다 훨씬 더 너그럽고 이해심도 많으며 자존감도 높다. 가족 구성원 모두가 제각기 해야 할 역할이 있는 것이다.

자녀는 자녀대로 부모의 마음을 헤아려 열심히 공부하고, 아내는 살뜰하게 가정 경제를 꾸리고, 남편은 가장으로서 정성껏 집안을 잘 다스리고, 조부모는 집안의 어른으로서 넉넉히 품어줄 때 가정이 아름다운 연합으로 하나가 된다.

전도서 4장 9-12절 말씀은 연합의 원리를 보여준다. "두 사람이 한 사람보다 나음은 저희가 수고함으로 좋은 상을 얻을 것임이라. 혹시 저희가 넘어지면 하나가 그 동무를 붙들어 일으키려니와 홀로 있어 넘어지고 붙들어 일으킬 자가 없는 자에게는 화가 있으리라. 두 사람이 함께 누우면 따뜻하거니와 한 사람이면 어찌 따뜻하랴. 한 사람이면 패하겠거니와 두 사람이면 능히 당하나니 삼겹 줄은 쉽게 끊어지지 아니하느니라."

교회는 그리스도의 몸이다. 각각 다양한 지체가 모여 있지만 함께 하나의 몸이라는 유기체를 이루어, 머리 되신 그리스도 안에서 각 지체가 조화롭게 기능한다는 의미다. 흔히 일본 사람은 밀가루고 한국 사람은 모래라고 한다. 물만 부으면 한 덩어리로 뭉쳐지는 밀가루처럼 일본 사람들은 혼자 있을 때는 약한데 뭉치면 강하다는 것이다. 그런데 모래는 혼자 있어도 따로따로이고 물을 부어도 쉽게 흩어진다. 모래가 한 덩어리로 굳게 뭉쳐지기 위해서는 반드시 시멘트가 필요하다. 한국 사람은 이해관계나 학연, 지연 같은 시멘트가 있어야 단단해지지 그냥은 뭉쳐지지 않기 때문에 모래라는 것이다. 우리에게 가장 취약한 부분이 바로 연합이다. 공동체는 모든 사람의 힘이 다 필요하다. 한 사람 한 사람이 자기 자리에서 하나님이 맡기신 사역을 감당하고 서로를 격려하고 위로할 때 각 사람이 가진 능력 이상의 놀라운 결과를 얻게 될 것이다. 20%만으로 움직이던 가정과 교회, 공동체가 100%의 힘으로 활기차게 움직여 나가기 위해서는 이 연합의 원리가 절실히 필요하다.

격려와 칭찬으로!

느헤미야가 현실을 극복하고 불가능해 보였던 예루살렘 성을 건축할 수 있었던 셋째 비결은 격려와 칭찬이다. 느헤미야 3장에는 수많은 사람들의 이름과 행한 일이 나오는데, 문짝을 달고 자물쇠와 빗장을 만드는 것처럼 사소하고 무의미해 보이는 것까지 다 기록되어 있다. 느헤미야가 이렇게 지루한 목록을 기록한 이유를 20절의 "힘써"라는 한 마디에서 추측해 볼 수 있다. 느헤미야는 어렵고 힘든 가운데서도 바룩이 힘써 일한 것을 칭찬하고 있다. 바로 수고한 사람들을 격려하기 위해서다. 예루살렘 성벽을 다시 쌓는 이 귀한 일에 기쁜 마음으로 동참하고 수고한 사람들을 하나하나 이름을 불러가며, 그 한 일을 들어가며 칭찬하고 격려하는 것이다. 그러나 격려와 칭찬만 있는 것은 아니다. 5절에 드고아의 귀족들은 주의 역사에 담부치 않았다고 분명히 기록했다.

격려와 칭찬은 사람들로 하여금 좌절하지 않고 일을 끝까지 완수하도록 해준다. 하나님이 주시는 귀한 은혜를 많이 받은 바울도, 성도 간에 서로 격려하고 피차 권면함으로써 하나님께 받은 은혜를 은혜 되게 하고 말씀대로 살아갈 힘을 얻게 하라고 가르쳤다. 믿음으로 살기 위해서는 끊임없는 격려와 든든한 사랑이 필요하다. 바울은 이 원리를 몸소 경험한 사람이었다.

사도행전이 교회 역사의 서두에서 바나바를 소개하는 이유가 있다. 바나바의 역할은 사람을 격려하고 위로하는 것으로, 심지어는 교회의 박해자였던 사울까지 격려했다. 원래 이름은 요셉인데 사도들은 그를 '권면과 위로의 사람'이라는 뜻의 바나바라는 별명으로 불렀다(행 4:36). 바나바가 안디옥 교회의 담임 목사가 되었을 때,

그는 사울이 이 사역을 할 수 있다고 생각하여 고향 다소에 내려가 있는 사울을 찾아 데리고 왔고 결국 지도자 위치에 세웠다. 사도행전에서 두 사람은 처음에 "바나바와 사울"로 언급되지만 점차 "바나바와 바울", "바울과 바나바"를 섞어 쓰면서 두 사람의 지위와 역할이 동등하게 강조되다가 나중에는 소리도 없이 바나바가 무대에서 사라진다. 그는 놀라운 사람이다. 세워져야 할 사람을 격려하여 세웠을 뿐만 아니라, 물러날 때가 언제인지를 알고 조용히 사라졌다. 자신의 인기가 사그라지는 것에 연연하지 않았다.

기러기가 브이(V) 자 대형으로 열을 지어 날아가는 것은 멋있어 보이기 위한 것이 아니라는 사실을 조류학자들이 밝혀냈다. 브이 자 대형을 유지하며 날면 그렇지 않을 때보다 71%를 더 날 수 있다고 한다. 선두를 제외한 나머지는 앞에 있는 새 덕분에 공기 저항을 덜 받기 때문이다. 대신 뒤따라가는 새들은 울음소리를 내서 선두의 새를 격려한다. 그리고 선두가 지치면 다른 새가 선두로 나오고 선두에 있던 새는 대열 속으로 들어가 쉬운 비행을 한다. 또 비행 중 한 마리에게 무슨 이상이 생겨 대열에서 처지면 다른 새 두 마리가 같이 날면서 쉬게 하다가 다른 무리가 지나갈 때 합류한다고 한다. 이렇게 하여 기러기는 먼 거리를 날아서 이동할 수 있는 것이다. 기러기의 대장정에서도 격려와 위로는 각 개체의 본래 역량보다 훨씬 더 많은 능력을 이끌어내는 힘이 있다.

과연 나는 격려와 칭찬을 할 줄 아는 사람인가? 가정에서 나는 자녀를 격려하고 칭찬하는 부모인가? 격려와 사랑이 없는 가정은 살벌하다. 잘못할 때마다 징계하고 잘할 때만 상을 주는 딱딱하고 두려운 가정에서 격려와 사랑을 받지 못한 사람은 자라서도 열등감 속에 살아간다. 만약 격려와 칭찬을 충분히 하지 않는다면 우리는 지금 사랑하는 자녀들을 평생 열등감에 시달리는 사람으로 만들고 있는 것이다. 비판과 분석을 10% 한다면, 90%는 격려를 해야 한다. 우리의 언어생활은 얼마나 비효율적인지! 자신을 돌아보라. 주님의 격려가 없었다면 내가 오늘 이 자리까지 걸어올 수 있었을까? 주님께 격려를 받고도 남을 격려하는 데 인색한 사람은 어리석고 완악한 사람이다.

〈홀랜드 오퍼스〉(Mr. Holland's Opus)는 평범한 고등학교 음악 교사 글렌 홀랜드의 삶을 그린 영화다. 글렌 홀랜드는 위대한 교향곡을 작곡하여 브로드웨이에 진출하는 것이 꿈이지만 가난 때문에 잠시 교사 생활을 하기로 한다. 위기만 넘기고 여유가 생기면 언제든 그만두고 작곡에 전념할 생각이었지만 어쩌다 보니 30년간 머물게 되었다. 그러던 어느 날, 학교에서 긴축 재정을 위해 음악 교육과정을 없애기로 하자 홀랜드 선생도 학교를 떠나게 된다. 떠날 채비를 하면서 지나온 세월을 돌아보니, 다 깨져버린 꿈 때문에 헛된 삶을 살아온 것처럼 느껴져 회한이 몰려왔다. 훌륭한 교향곡을 작곡하여 브로드웨이에서 유명해지려던 꿈도 이루지 못했고, 기대를 걸었던 아들은 청각 장애가 있었으며, 이제 자신에게 남은 것이라고는 주름진 이마와 초라한 퇴임밖에 없었다. 마지막으로 학교를 나서는 길, 강당에서 들려오는 음악소리를 따라 들어가 보니 30년간 자신이 가르쳤던 제자들이 모두 모여 있었다. 홀랜드가 감격에 젖어 있을 때, 무대 휘장이 걷히며 제자들로 구성된 오케스트라가 자리를 잡았고, 지휘봉은 홀랜드에게 넘겨졌다. 늙은 선생님이 연주를 인도한다. 맨 앞자리에는 학생 시절 클라리넷을 연주하지 못해서 좌절했던 제자가 앉아 있다. 홀랜드 선생님의 격려와 칭찬으로 클라리넷을 연주할 수 있게 된 그는 이제 현직 주지사가 되어 있다. 연주가 끝나고 주지사인 제자가 감사의 인사를 한다.

"홀랜드 선생님은 제 인생뿐 아니라 여러 사람의 인생에도 깊은 영향을 끼쳤습니다. 그러나 선생님 스스로는 인생을 헛되이 보냈다고 생각하실지도 모르겠습니다. 선생님은 언제나 부와 명예를 안겨줄 심포니 작곡에 열중하셨으니까요. 하지만 선생님은 부도 명예도 얻지 못하셨습니다. 이 작은 마을에서만 유명할 뿐이죠. 따라서 실패했다고 생각하실 수도 있지만, 그것은 잘못된 판단입니다. 홀랜드 선생님은 부와 명예를 초월한 성공을 하셨기 때문입니다. 주위를 둘러보세요! 이 강당 안에 선생님의 손길이 닿지 않은 인생은 하나도 없습니다. 선생님 덕분에 우리는 모두 훌륭하게 성장했습니다. 우리가 선생님의 심포니입니다. 여기 있는 제자들 한 사람 한 사람이 모두 아름다운 인생의 음을 연주할 수 있는 음표이자 음악입니다. 바로, 우리 모두가 선생님의 인생이 빚어낸 작품(opus)입니다."

홀랜드 선생의 평생의 작품은 그의 인생이 빚어낸 제자들이었다. 내 인생의 작품은 누구인가? 나의 격려와 사랑과 인내로 하나님 앞에서 더 나은 인생을 살아가게 된, 내 삶의 흔적이 묻어 있는 사람이 있는가? 내가 사랑하는 가족들, 내가 섬기는 교회와 성도들, 학교와 직장과 다양한 삶의 현장에서 나를 말해 주는 작품은 어떤 것인가? 내가 살아온 삶을 보여주는 나의 음표와 음악이라 할 모습은 무엇인가? 더 나아가, 나와 우리는 하나님의 위대한 작품 가운데 아름다운 음을 내는 음표와 멜로디의 삶을 살고 있는가? 혹, 분쟁과 다툼, 고통과 괴로움으로 불협화음을 내고 있지는 않은가?

포기하고 싶은 일들이 있을 것이다. 아름답고 귀한 일이지만 이제는 그만 포기하겠다고, 손 떼겠다고, 그럭저럭 쉽게 살고 싶다고 생각할지도 모르겠다. 그것이 자신의 꿈일 수도 있고 가정, 직장, 내가 맡고 있는 주일학교 성경공부반이나 청년회 모임, 어쩌면 교회일 수도 있다. 힘겨운 짐을 지고 버티고 있는 사업일 수도 있고, 한국 사회 전체에 대한 희망일 수도 있다. 포기하기 전에, 먼저 하나님께 동의를 구하라. 내가 손 놓으려는 그것은 내 개인의 일이 아니라 하나님의 일이기 때문이다. 하나님은 우리가 성공하기를 원하신다. 일이 이뤄지도록 도와주기 원하신다. 우리 속에 흩어진 여러 가능성을 다시 찾아보고, 그것을 시작으로 나머지 80%의 가능성을 기억한다면 느헤미야의 비결을 적용하는 것도 훨씬 쉬워질 것이다. 우리가 사랑하는 공동체도 새롭게 태어날 것이다.

7장
비판과 반대 앞에서

느헤미야 4장

두 친구가 이야기를 주고받는다.

"아인슈타인의 상대성 이론이라는 게 대체 뭔가?"

"간단하게 설명하자면, 하나의 물체가 관련성 여부에 따라 다른 의미를 갖게 된다는 이론일세. 예를 들어, 자네가 잠옷을 입고 뜨거운 난로 옆에 앉아 있다면 1분이 한 시간처럼 여겨지겠지. 그런데 만일 잠옷 입은 여인이 자네 무릎에 앉아 있다면 그때는 아마 한 시간이 1분처럼 여겨질 걸세. 이것이 상대성 이론이라네."

설명을 듣고 돌아간 친구가 집에 와서 밥을 먹으려고 보니까 국에 부인의 머리카락이 들어 있었다. 어떻게 했을까?

"여보, 내가 오늘 상대성 이론을 배웠거든. 상대성 이론에 따르면 당신 머리에 머리카락이 한 가닥밖에 없다면 너무나 적은 것이지만 머리카락 한 가닥이 국에서 발견된다면 머리카락이 너무 많게 여겨진다는 거야."

말에도 상대성 이론이 적용되나 보다. 똑같은 말 한 마디지만 칭찬과 격려의 말 한 마디는 수많은 말 속에 파묻혀 적게 보이고 비판과 반대의 말 한 마디는 수많은 말 속에 파묻혀 있어도 크게 부각되어 보인다.

비판과 반대의 말은 상대방의 용기를 꺾는다. 선하고 바른 일을 시작하고자 할 때, 특히 하나님을 위해 마음을 정하고 나아갈 때 부딪히는 비판과 반대는 낙심과 절망을 가져온다. 성경은 우리에게 비판하지 말라고 가르친다. 우리는 하나님이 아니기 때문에 남을 공정하게 비판할 수 없고 나 역시 그 비판에서 자유로울 수 없다. 비판은 자신이 의롭고 타인을 평가할 자격이 있다고 생각하는 교만에 근거한다. 성경은 비판하는 대신 분별하라고 말한다. 비판의 배후에는 흔히 개인과 공동체를 무너뜨리려는 사단의 전략이 있는 반면, 분별의 배후에는 사랑의 동기가 있다. 사랑하는 개인과 공동체를 세우기 위해 관심을 가지고 현실을 직시하는 것이다. 또한 분별은 상대방의 잘못을 거울삼아 자신을 돌아보고 다스리는 기능을 한다.

이스라엘 백성이 간절히 바라고 사모하던 예루살렘 성 건축이 활발하게 진행되자 산발랏과 도비야, 게셈의 구체적인 방해 공작도 시작된다. 목표를 세우고 정성껏 준비하여 일을 추진할 때 누군가 비난과 반대의 말로 맥을 끊어놓으면 속에서 분노가 치밀어 오르는 것을 경험해 보았을 것이다. 그렇다고 준비하던 일을 쉽게 포기할 수도 없다. 그럴 때 어떻게 반응해야 할까? 어떤 사람은 한 대를 맞으면 두세 대를 때린다. 상대방은 또 두어 대를 덧붙여 때리고, 점차 싸움이 커져서 성경말씀과 같이 피차 망하고 만다. 일단 싸우기 시작하면 승자가 없기 때문이다. 또 어떤 사람은 뒤로 물러난다. 비판과 반대라는 첨예한 공격 앞에 조용히 물러나지만 마음에는 패배했다는 자괴감과 한이 남아 병을 얻거나 다른 기회에 폭발한다. 마음의 상처를 끌어안은 채 상대방에 대한 안 좋은 감정을 계속 지니고 살아가기도 한다. 사람들의 반대와 조롱에 부딪힐 때 그리스도인은 어떻게 반응해야 하는가? 동일한 상황에서 지혜롭게 대처한 느헤미야를 따라 우리도 비판과 반대를 의연하게 처리하며 하나님의 일을 이루어가자.

기도로 감정을 처리하라

4장 1-3절에 산발랏의 무리가 느헤미야와 이스라엘 백성을 집요하게 경멸하고 비판하는 말이 나와 있다. 4-5절에는 그들의 조롱에 대해 느헤미야가 하나님께 기도하며 속상한 마음을 토로하는 장면이 나온다. "우리 하나님이여, 들으시옵소서. 우리가 업신여김을 당하나이다. 원컨대 저희의 욕하는 것으로 자기의 머리에 돌리사 노략거리가 되어 이방에 사로잡히게 하시고 주의 앞에서 그 악을 덮어두지 마옵시며 그 죄를 도말하지 마옵소서. 저희가 건축하는 자 앞에서 주의 노를 격동하였음이니이다." 요즘 우리가 쓰는 말로 바꿔보면 "하나님, 우리가 너무 창피스럽고 고통스럽습니다. 우리를 욕하는 그 욕이 그들의 머리에 그대로 돌아가게 해주십시오. 그들도 우리와 똑같은 상황을 경험하게 하셔서 비참이 무엇인지 처절하게 경험하게 해주십시오. 그들이 하나님께 잘못했다고 빌 때에도 절대로 용서하지 말아주십시오. 그리고 작살을 내주십시오" 라는 것이다.

아니, 놀랍지 않은가? 속은 시원할지 모르나 느헤미야처럼 훌륭한 사람이 어떻게 이런 험한 기도를 할 수 있는가?

우리도 느헤미야처럼 이런 '험한 기도'를 종종 한다. 분노와 배신감에 온통 증오의 감정뿐인 기도를 하는 것이다. 하나님이 만약 이런 기도를 그대로 들어주신다면, 지금 우리가 멀쩡하게 살아 있는 것 자체가 기적이다. 우리도 분명 다른 누군가에게 분노의 대상이 된 적이 있을 것이기 때문이다. 여기서는 느헤미야가 기도한 내용보다 느헤미야의 자세를 살펴보아야 한다. 하나님은 우리에게 분노하지 말라고 하셨는가? 그렇지 않다. 분노를 품지 말라고 하셨고, 해가 질 때까지 분노를 품고 있지 말라고(엡 4:26) 말씀하셨다. 마음에 화가 나는 것 자체는 잘못이 아니나 화가 죄로 이어지지 않도록 주의해야 한다는 것이다.

느헤미야 자신이 눈물로 기도해 왔고 하나님의 선한 손이 인도하신, 민족의 생존이 달린 위대한 과업을 이제 막 시작한 마당에, 사사로운 이익을 앞세워 반대하는 무리가 곱게 보일 리 없다. 느헤미야는 분노했다. 아마 더 거친 기도였는데 성경에 기록하기 위해 표현 수위를 좀 조절하지 않았을까 싶다. 어쨌든 느헤미야가 안타깝고 억울하고 분한 마음을 하나님께 토하고 있는 것만은 충분히 볼 수 있다. 일반적으로 사람은 속상하고 어려운 일을 다른 사람에게 털어놓는다. 내 입장과 내 마음을 알아주기 바라는 것이 사람의 본성이다. 그러나 내가 느끼는 만큼의 분노와 상심을 온전히 알아주는 사람이 있던가? 애써서 설명을 하지만 결과는 오히려 허무하다.

사람은 모두 자기 입장에서 이해하려고 한다. 내 마음에 일어나는 풍랑을 있는 그대로 받아줄 수 있는 사람은 세상에 아무도 없다. 남편과 아내, 부모와 자식도 할 수 없다. 느헤미야는 자신의 감정을 하나님께 표현한다. 하나님이야말로 온전히 받아들여주고 이해하시는 분이라는 믿음이 있기 때문이다.

평생에 분노할 일의 연속인 삶을 살았던 다윗은 시편 62편 1-8절에서 타인의 적대감과 비난에 부딪힐 때 자신의 분노를 어떻게 처리하였는지 소개한다.

나의 영혼이 잠잠히 하나님만 바람이여

나의 구원이 그에게서 나는도다.

오직 저만 나의 반석이시요 나의 구원이시요 나의 산성이시니

내가 크게 요동치 아니하리로다.

넘어지는 담과 흔들리는 울타리 같은 사람을 죽이려고

너희가 일제히 박격하기를 언제까지 하려느냐.

저희가 그를 그 높은 위에서 떨어뜨리기만 꾀하고 거짓을 즐겨하니

입으로는 축복이요 속으로는 저주로다.

나의 영혼아 잠잠히 하나님만 바라라.

대저 나의 소망이 저로 좇아 나는도다.

오직 저만 나의 반석이시요 나의 구원이시요 나의 산성이시니

내가 요동치 아니하리로다.

나의 구원과 영광이 하나님께 있음이여

내 힘의 반석과 피난처도 하나님께 있도다.

백성들아 시시로 저를 의지하고 그 앞에 마음을 토하라.

하나님은 우리의 피난처시로다.

    토할 때 아까워하는 사람은 없다. 속에 있는 것을 다 게워내 모두 토해 버린다. 디윗은 안타깝고 억울한 심정을 하나님께 다 토했다. 하나님께만 소망이 있고 내 마음과 소원을 알아주시는 분도 그분밖에 없다는 것이다. 우리는 흔히 내가 가진 문제를 풀 수 있을 것 같은 사람에게 내 사정을 토하지만, 그렇게 쏟아낸 것 때문에 큰 아픔을 경험하게 되기도 한다. 사람에게는 쏟아낼 수가 없다. 그렇다고 가슴에 묻어두면 병이 된다. 쏟아내야 한다. 토해내야 한다.

    하나님은 우리가 감정을 속이고 항상 고상하고 거룩한 기도만 드리기를 원하지 않으신다. 감정을 창조하신 하나님은 우리가 분노하고 속상해하는 것도 알고 계신다. 주님 앞에 쏟아내라. 주님이 그 마음을 받으시고 위로해 주신다. 반대와 비판에 직면하여 좌절과 절망을 느낄 때 해야 할 일은 나를 이해해 줄 사람을 찾아가 내 속에 있는 불평과 원망과 분노를 풀어놓는 것이 아니라 하나님 앞에 기도하는 것이다. 기도의 자리에서, 나를 사로잡고 있는 감정의 소용돌이를 다 토해내고 주님이 주시는 평안을 되찾는 것이 가장 먼저 해야 할 일이다.

낙심치 말고 더욱 견고히 하라

느헤미야는 낙심하지 않고 자신의 일을 더욱 충성스럽고 견고히 해나갔다. "이에 우리가 성을 건축하여 전부가 연결되고 높이가 절반에 이르렀으니 이는 백성이 마음 들여 일을 하였음이니라"(6절, 개역개정). 비난의 소리에 상한 마음을 하나님께 기도로 털어놓은 후에는, 온 백성이 한 마음으로 더욱 열심을 내어 성을 쌓았다. 비난에 굴복하지 않고, 하나님 앞에서 자신을 점검한 다음에는 백성을 격려하며 목표를 이루어가는 느헤미야를 보며 교훈을 얻을 수 있다.

옳고 필요한 일이라도 사람들의 동조와 칭찬이 없으면 계속 일하기가 쉽지 않다. 비판과 비난을 들으면서는 더더욱 하고 싶지 않은 것이 사람 마음이다. 그러나 포기하고 돌아서는 것은 사단의 전략에 넘어가는 것이다. 하나님이 원하시는 일, 공동체에 꼭 필요한 일일수록 사단은 온갖 방법으로 우리의 의욕을 꺾어놓고 용기를 사라지게 만든다. 비판과 적대감, 그리고 무력감은 사단의 전략이다.

외부의 반대와 위협이 여전한 가운데, 이스라엘 공동체 내부에서도 좌절하는 모습이 보인다. 나귀 한 마리도 지나갈 수 없는 무너져 내린 성의 흙더미를 치워야 하는데 자신들의 힘은 부족하니 성을 세울 수 없겠다는 절망감이 일하는 백성들 사이에 파고들기 시작했다(10절). '산발랏과 도비야의 조롱이 아주 틀린 말은 아니구나' 하는 생각이 들었을 것이다. 자조하고 의욕을 잃어버리는 사람들이 점점 더 많이 생겨났다.

"선한 길을 갈 때 사람들이 앞길의 돌멩이를 치워줄 것으로 기대하지 말라. 사람들은 더 큰 돌멩이를 던질 것이다." 슈바이처 박사가 아프리카에 갈 때 사람들에게 남긴 말이라고 한다. 밤낮으로 이스라엘을 괴롭히려는 산발랏과 도비야의 지역 근처에 사는 이스라엘 사람들은 일하러 나가는 식구를 붙들고 이야기한다. "그 일을 꼭 해야 하나요? 그들이 쳐들어온다는데, 당신은 살아야 하잖아요. 그만하고 돌아와요. 우리는 그 일과 상관없잖아요." 격려하고 힘을 실어줘야 할 가족들이 오히려 혼란스럽게 만든다. 비판과 반대가 있으면 사람들의 생각이 많이 나뉜다. 갈등이 생기고 내부 분열을 경험하게 된다.

　이때 느헤미야는 낙심하지 않고 오히려 이스라엘 백성을 권면하고 용기와 힘을 불어넣는다. 느헤미야 자신은 부족하지만 능력과 권세가 있으신 하나님이 허락하시면 반드시 이루어진다는 믿음이 있었기 때문이다. 느헤미야는 적은 수지만 취약 지구에 군대를 배치한다. 일하는 사람마다 한 손에는 쟁기를 한 손에는 무기를 들게 하고, 적이 쳐들어와 나팔 소리가 들리면 한 곳에 모이기로 하는 등 철저한 대비를 한다. 이 소식을 듣고 적들은 섣불리 공격을 시도하지 못한다.

　이 땅에도 해야 할 일은 너무 많으나 우리 힘이 연약하고 부족해서 좌절할 때가 참 많다. 여기에 비판과 반대까지 만나면 의심과 자괴감에 시달린다. '꼭 이렇게 해야만 하는 것은 아닐 텐데' 하는 회의로 시작해서 결국에는 의미를 잃고 일을 중단하게 된다. 안 된다고 생각하는 사람은 안 되는 이유를 수십 수백 가지라도 들 수 있다.

그러나 된다고 하는 사람은 되는 이유가 또 그만큼 나온다. 안 된다고 마음먹으면 안 되는 일이 많다. 생각이 굳어졌기 때문이다.

느헤미야가 담대할 수 있었던 것은 연약한 자신이 아니라 놀라우신 하나님의 역사를 알고 믿었기 때문이다. 십자가는 실패와 연약함의 상징이었지만, 가장 무기력한 십자가를 통해서 인류는 구원받았다. 하나님은 모세의 보잘것없는 지팡이로 이스라엘 백성을 인도하게 하셨다. 기드온은 겨우 항아리와 횃불과 나팔로 적군을 물리쳤다. 견고하고 튼튼한 여리고 성은 수양의 뿔로 만든 나팔에 무너졌다. 소년 다윗은 거대한 골리앗을 작은 돌멩이로 무너뜨렸고, 방주는 작았지만 하나님의 구원을 담아내기에 충분했다. 이집트에서 이스라엘은 노예로 팔려온 죄수 출신 요셉을 통해 구원을 얻었다. 엘리야의 외투는 보잘것없었지만 요단강을 가르는 능력이 있었다. 예수님은 하늘나라가 겨자씨와 같다고 말씀하셨다. 건축자의 버린 돌이 모퉁이의 머릿돌이 되었다고 한다. 바울은 우리 자신이 위대한 것이 아니라 이 질그릇 속에 보배를 가졌기 때문에, 질그릇은 깨지기 쉽지만 질그릇 속에 담긴 보배가 질그릇을 존귀하게 만든다고 이야기한다.

핸드폰의 시초가 되는 인류 최초의 무선전신기는 이탈리아의 마르코니가 10여 년간 숱한 실패와 좌절을 겪으며 실험한 결과 탄생했다. 대공황 시기에 뉴딜정책으로 미국을 구해내고 미국 역사상 유일하게 4번 연속 대통령에 당선되는 영광을 누린 프랭클린 루스벨트는 소아마비라는 절망을 통과해야만 했다. 나폴레옹은 파리군사

학교에서 51명 중 42등으로 겨우 졸업할 수 있었다. 노벨문학상을 수상한 펄벅의 「대지」 초고는 무려 14곳의 출판사로부터 거절당했던 작품이다. "켄터키후라이드치킨"의 설립자 커널 샌더슨은 65살에 사업에 실패해서 모든 것을 날려버렸다. 그러나 다시 일어나 오늘날 세계적인 기업이 된 켄터키후라이드치킨을 만들었다.

이 사람들의 공통적인 특징은 포기하지 않았다는 것이다. 자신의 잘못을 고치고 부족한 점을 보완해서 끝까지 도전하는 자세는 어려운 현실을 극복하고 위대한 일을 이루는 데 밑거름이 되었다. 반대와 비판에 낙심하지 말라. 내 부족함이 드러났다면 낙담할 일이 아니라 다시 도전해야 할 일이다.

하나님의 일이 방해받지 않게 하라

두려워할 자를 두려워할 때 반대와 비판을 극복할 수 있다. 느헤미야는 백성에게 "너희는 저희를 두려워 말고 지극히 크시고 두려우신 주를 기억하고 너희 형제와 자녀와 아내와 집을 위하여 싸우라"(14절)고 말한다. 지금 이스라엘 백성이 두려워하고 있는 대상은 자신의 재산과 생명을 위협하는 산발랏과 도비야의 군사들이다. 그러나 느헤미야는 "너희 육신의 생명을 빼앗는 자보다 영혼의 생명을 빼앗을 수 있는 분을 두려워하라"고 말한다. 그들의 힘이 강해 보이지만 사실 우리의 생사화복을 주관하시는 분은 하나님임을 기억하고 그분을 두려워할 때 사람의 반대와 공격은 두려워할 대상이 못 된다.

그런데 반대세력이 줄기차게 이스라엘을 방해하고 괴롭히는 근본적인 이유가 무엇일까? 역사가 요세푸스에 따르면 산발랏은 사마리아 지역의 총독이었다. 북방 이스라엘을 통치하는 사람인 것이다. 남방 유다까지 자기 영향력 아래 두려는 야심을 품고 있던 산발랏에게, 페르시아 왕의 친서를 가지고 유다의 총독으로 부임한 느헤미야는 자기의 영향력을 갉아먹는 적일 수밖에 없었다. 게다가 사마리아로 들어오는 교통과 무역의 통로가 예루살렘과 연결되어 있으므로, 예루살렘 성이 건축되면 경제적으로도 타격을 입을 수 있었다. 이처럼 사람들의 반대와 불평에는 직접적인 이해관계가 얽혀 있는 경우가 많다. 그들이 그토록 결사적으로 우리를 막으려고 하는 것은, 우리가 하려는 일이 객관적으로 옳지 않고 불가능하고 부당하기 때문이 아니라 그들의 영향력과 경제적 이득에 손실을 끼칠 것을 우려해서인 것이다. 그들의 협박과 비난은 사실에 근거한 것이 아니라 겁을 주고 포기하게 만들기 위한 것이므로, 그들을 두려워할 이유는 더더욱 없다.

내 뜻과 내 이해관계, 내 생각과 내 원칙을 사수하는 데만 관심이 있는 사람은 자기 때문에 하나님의 일이 중단되고 망가지는 것에는 관심도 없고 두려움도 없다. 그러나 하나님을 두려워하는 사람은 자신을 통해 하나님의 일이 중단될 것을 두려워하므로, 하나님이 원하시는 일이 무엇인지를 분별할 수 있다. 예수님은 십자가를 피하고 싶었으나 자기 때문에 하나님 뜻이 좌절되는 것을 용납하지 않으셨다. 십자가에 달려 죽음으로써 인류를 구원하는 쪽을 선택하셨다. 자기를 못 박는 로마 군인보다 모든 생명을 주관하시는 하나님을 더욱 두려워하였기에 묵묵히 십자가의 길을 걸어가셨다.

예수님에게 쏟아진 비난과 반대의 말을 떠올려 보라. 세리와 창기의 친구, 율법의 파괴자, 자기가 하나님의 아들이라고 믿는 정신 나간 참람한 자, 자칭 유대인의 왕 등. 정말 참기 어려운 비난의 말들이다. 그러나 예수님은 사람의 반대를 두려워하지 않았다. 다만 하나님 앞에서, 보내신 이의 뜻을 꾸준히 행하며, 하나님의 계획이 성취되게 하셨다.

나는 하나님을 두려워하고 있는가, 나로 인해 하나님의 뜻이 중단되거나 지연되는 것에 대한 두려움이 있는가, 내 생각의 기준은 사람인가 하나님인가. 이 질문을 항상 간직하여 내가 비판하고 반대하는 위치에 있을 때나 비판과 반대를 견뎌내야 하는 위치에 있을 때나, 하나님의 뜻을 분별하고 하나님의 일이 방해를 받지 않도록 해야 할 것이다.

이 시대는 비판과 반대로 인해 소중한 것을 너무 많이 잃어버렸다. 비판과 반론은 귀한 가치가 있는 선한 도구인데 너도 나도 자기 이익을 지키기 위한 악한 도구로 사용하고 있다. 오늘 내 앞에 놓인 비판과 반대가 무엇을 위한 것인지 살펴보고 훗날 역사와 하나님 앞에서 어떻게 평가될 것인지 정직하게 돌아보아야 한다.

육군사관학교 교장을 지낸 김충배 장군의 편지가 인터넷에서 큰 인기를 모은 적이 있다. "우리 대한민국의 장래를 짊어질 개혁과 신진의 주체 젊은이들이여"라고 시작되는 이 글은 5-60대가 걸어온 수

모와 고통의 역사를 정리하며 그들이 있었기에 오늘의 한국이 가능했음을 설득력 있게 전하고 있다. 오늘날 한국 사회는 구세대와 신세대가 날카롭게 대립하고 반목하고 있는데 서로를 향해 비판과 반대의 목소리를 높이기보다 서로를 이해하고 과거의 역사를 인정할 때 우리의 오늘을 긍정하고 우리의 미래를 함께 그려나갈 수 있다는 것이다.

지금 비판과 반대보다 우리가 먼저 찾아야 할 것은 분별이다. 민족을 세우고 공동체와 개인의 삶을 세워나가기 위해서는 사랑이 동기가 되어야 하고, 사랑하기 때문에 현실을 직시하는 분별 있는 시각이 필요하다.

반대보다는 분별을 통해서 개인과 공동체를 향한 하나님의 뜻을 이루어가자. 과거 세대의 헌신과 땀으로 오늘의 풍요로움이 이뤄졌다면, 찬란한 미래는 당연히 오늘 우리의 헌신과 희생으로 이뤄질 것이다. 어떤 미래를 꿈꾸는가? 어떤 역사를 만들어갈 것인가? 역사의 심판, 그리고 역사의 주관자이신 하나님의 심판을 두려워하라. 하나님의 크신 계획이 방해받지 않게 하라.

8장
하나님께 마음이 맞춰진 사람

느헤미야 5장

1912년 4월 12일 1,517명의 고귀한 생명과 함께 대서양에 침몰한 타이타닉은 그 크기와 호화로움으로 유명세를 떨치던 배였다. 거대한 빙산에 부딪힌 것이 침몰의 직접적인 원인이라고 알려져 있지만 요즘에는 스미스 선장의 자만심에 더 큰 원인이 있었다는 새로운 해석이 나오고 있다. 큰 배를 이끌어가는 리더인 스미스 선장이 성공정체감(success identity)에 취해 자신의 노련함만을 믿고 수차례의 빙산 경고를 무시한 채 항해를 강행해서 일어난 사고라는 것이다.

타이타닉은 구조적으로도, 배의 규모에 비해 방향키가 너무 작았다. 빙산을 발견한 일등항해사 머독은 배의 방향을 돌리기 위해 애를 썼지만 방향키가 너무 작아 원하는 만큼 배가 움직이지 않았다.

타이타닉 호 사건은 변화를 감지하지 못하는 지도자와 변화에 능동적으로 대처할 수 없는 구조와 조직을 가진 공동체가 침몰할 수밖에 없음을 보여주는 예로 자주 사용된다.

빙산을 향해 나아가는, 아니 이미 빙산과 부딪혀서 침몰 중인 타이타닉 호, 오늘날 우리나라를 보는 국민들의 심정이 이와 같지 않을까 싶다. 우리가 처한 어려움은 대외적인 것이라기보다 외부 문제에 대한 대처 방안이 없이 내부적으로 분열과 부정부패가 가득한 데서 온다. 더 심각한 것은 이런 혼란과 위기를 어떻게 극복할 것인지 도모하기보다 각자 자기 이익을 챙기느라 바쁘다는 사실이다.

미래학자 앨빈 토플러는 21세기 문맹자란 글자를 읽지 못하거나 쓰지 못하는 사람이 아니라 배울 줄 모르고 배우려 하지 않는 사람, 다시 공부하지 않는 사람이라 했다. 무능력한 문맹지가 되지 않기 위해서라도 위기 앞에서 배워야 할 것이다. 그리고 배운 것을 삶에 적용해야 할 것이다.

살다 보면 외부적인 어려움과 별개로, 내면에서 일어나는 갈등과 어려움을 경험한다. 마음이 바로잡혀 있으면 어떤 문제든 극복할 수 있지만, 내면에 갈등이 극심할 때는 어려움이 더욱 커질 수밖에 없다. 가정 안에 갈등과 위기가 일어날 때 가족들이 함께 수습하고 대처해 나간다면 오히려 견실해지는 계기가 된다. 교회나 나라도 마찬가지다. 문제는 내부의 갈등을 어떻게 처리하느냐다.

이스라엘 공동체 속에서 느헤미야는 민족 부흥, 민족 재건이라는 사명을 띠고 예루살렘 성을 건축하고 있다. 외부의 어려움이 많았지만 다 극복해 내면서 성 건축을 중반쯤 이루었을 때, 내부에서 문제가 발생했다. 이스라엘 백성들 간에 불신과 반목이 생기기 시작한 것이다. 무리가 나뉘고, 서로 믿지 못하고, 가난을 빌미로 남을 원망했다. 어떤 어려움에도 성 쌓기를 중단하지 않던 느헤미야가 사람들을 모두 모아놓고 회의를 열 정도로 심각한 문제였지만, 느헤미야는 이 내부의 위기를 새로운 기회로 삼았다.

문제의 본질이 무엇인가

백성들의 불평과 원망이 터져 나오자 느헤미야는 그들의 탄원을 묵살하지 않고 귀 기울여 듣는다. 6절과 7절 앞부분에 "내가 백성의 부르짖음과 이런 말을 듣고 크게 노하여 중심에 계획하고"라는 말이 나온다. 분열과 대립이 생긴 것 때문에 분노가 있었지만 그들의 부르짖음을 책망하거나 화합을 강요한 것이 아니라 깊이 생각했다고 한다. '계획하다'는 아람어 '말라크'에서 온 단어로 '심사숙고하다' 라는 의미다. 영어 성경에는 "I consulted with myself"(NIV), "I took counsel with myself"(RSV) 등으로 자기 자신과 상담하고 의논하며 깊이 생각했다고 표현되어 있다.

여기서 "크게 노하여 중심에 계획" 했다는 것은 언뜻 이해하기가 어렵다. '크게 노하는 것' (6절)과 '중심에 계획하는 것' (7절)은 상반되는 표현인 것 같다. 일반적으로, 차분히 생각하는 사람은 쉽게 분노하지 않는 듯하다. 자기감정을 표현하는 것은 자신을 잘 조절할 줄 모르는 사람이 즉각적으로 내보이는 잘못된 반응이라고 생각하기 때문이다.

그러나 성경은 분노를 죄라고 말하지 않는다. 도리어 분노를 표현하지 않고 아무렇지 않은 척 가장하고 묻어두는 것이 더 위험하다고 말한다. 억눌린 분노는 본인의 정신건강을 해칠 뿐 아니라, 인간관계를 왜곡시키고 사리를 잘못 판단하게 한다. 성경은 분노 자체를 정죄의 대상으로 삼지 않고, 무절제하거나 파괴적인 방식이 아니라면 현실을 직면하는 데서 오는 감정을 건강하게 표출하도록 장려한다. 그리고 분노의 감정이 죄로 이어지지 않도록 우리 주의를 환기시킨다.

느헤미야의 분노는 우리도 공감할 수 있다. 성을 쌓는 일은 단순한 부역이 아니라 이스라엘 공동체의 회복을 의미했다. 흩어졌던 이스라엘 백성이 하나님께서 택하신 백성답게 한 형제자매로 더불어 살아가는 공동체를 이루고자 성을 쌓고 있는데, 백성들은 서로 원망하며 분란을 일으키고 있으니 책임자로서 분노가 치미는 것이 당연하다.

백성들은 자신들이 먹지도 못하고 굶고 있으며, 빚을 지고, 세금을 내기 위해 집과 포도원을 팔았다고 호소한다. "부자와 귀족의 자식들은 원하는 것을 모두 갖는데, 왜 우리 자식들은 종이 되어야 하는가? 우리는 같은 민족이 아닌가?" 그들은 어쩌다 그렇게 딱한 처지가 되었을까? 제한된 지역에 갑자기 많은 이주민이 유입되어 식량 공급이 부족해지기도 했고 모두들 성벽 공사에 참여하느라 농사일을 제대로 돌보지 못해 흉년이 들었을지도 모른다. 제국의 중앙정부에서는 어김없이 공물을 요구했을 것이다.

그러나 느헤미야는 좀 더 본질적인 원인을 생각했다. 근본적인 이유는 바로 '공동체 의식'에 이상이 생긴 것이었다. 백성들의 호소 뒤에는 눈앞의 현실에 대한 박탈감이 있었다. 같은 민족으로서 일반 백성들은 나라와 민족을 위해 부역을 하고 헌신하는 동안 부자와 귀인들은 오히려 고리대금업자가 되어 이자를 착취하고 돈을 갚지 못하면 자식까지 종으로 빼앗아가는 악한 일을 동족에게 행하고 있는 현실이었다. 느헤미야는 귀인과 민장들에게 "우리는 이방인의 손에 팔린 우리 형제 유다 사람들을 우리의 힘을 다하여 속량하였거늘 너희는 너희 형제를 팔고자 하느냐? 더구나 우리의 손에 팔리게 하겠느냐?"라고 꾸짖었다(5:8). 이스라엘 백성이 본질적으로 하나라는 공동체 의식이 없다면 성을 쌓아도 아무 소용이 없기 때문이다.

오늘날 우리도 여러 가지 분노할 일에 둘러싸여 있다. 행복하고 더 나은 삶을 살려고 버는 돈이 오히려 사람을 죽이고 가정을 깨뜨리는 모습에 분노가 일어난다. 어떻게 이 지경에 이르렀는가? 우리 가정과 교회와 사회, 이 나라가 이토록 참담하게 깨어졌단 말인가? 이런 세상을 보면서 거룩한 분노마저 느끼지 못한다면 우리 영혼이 제대로 살아 있는지를 점검해야 할 문제다. 그러나 분노를 느끼는 것으로 끝날 것이 아니라 "크게 노하여 중심에 계획하고", 즉 이렇게 참담한 현실을 심사숙고하고 본질적인 문제를 찾아내어 다음 단계를 밟아나가야 한다.

교회 안에서도 불평과 불만의 소리는 생겨날 수 있다. 교회이기 때문에 늘 거룩하고 사랑이 넘치는 것은 아니다. 교회의 성도들은 예배 안내, 주일학교 교사, 성가대와 여러 직분을 맡아서 각각 맡은 대로 마음을 들여 봉사한다. 무엇 때문에 이렇게 봉사하는가? 교회의 본질인 구원의 소식을 증거하고 믿음 안에서 하나님과 더불어 교제하며 하늘로부터 임하는 은혜와 축복으로 이 땅을 하나님 나라로 바꿔가기 위해 이렇게 모여 예배드리고 봉사하는 것이다. 그런데 교회 활동이 너무 많아서 정작 하나님과 친밀한 관계를 누리는 데는 소홀해지는데도 아무도 그것을 개의치 않고 계속 일만 시킨다면 '신실한 청년' 들의 부르짖음을 듣게 될지도 모른다. 같은 성도인데도 세상의 기준에 따라, 헌금 액수에 따라, 봉사와 활동 여부에 따라, 개인적 친분에 따라 사람을 차별하거나 공정하지 못한 처우를 한다는 소리가 들릴지도 모른다. 그럴 때 그런 '불평과 불만' 이 교회 안에 있다는 사실 자체로 화를 내거나 그런 소리를 없애려고 할 것이 아니라 문제의 본질이 무엇인지를 깊이 생각하는 것이 필요하다. 교회의 본질을 다시 생각하고 본질을 훼손하고 있는 문제를 해결해야 한다. 교회 안의 여러 기관과 직분은 복음의 본질을 위해 만든 조직일 뿐이다. 복음의 본질을 잃는다면 직분도 교회 건물도 아무 소용이 없다. 각 지체가 한 몸으로서 잘 기능할 수 있게 하고, 함께 교회의 머리 되신 그리스도를 바라보는 것이 교회의 본질이다.

마찬가지로 우리 사회에서 끊임없이 불평과 불만의 소리가 나오는 근본적인 원인은 무엇인지를 돌아보아야 한다. 가정과 개인의 위기 앞에서 우리 자신이 해야 할 일은 무엇이며 우리에게 이 가정과 이 공동체와 이 사회를 허락하신 하나님의 뜻은 무엇인지, 우리 민족을 향해서는 어떤 꿈을 품어야 할지를 고민해야 한다.

느헤미야는 깨어진 공동체로는 하나님의 꿈을 이룰 수 없음을 깨닫고 문제를 구체적으로 풀어갔다. 하나님이 원하시는 공동체의 그림에 따라서 현실적인 문제를 해결하고 직접 본을 보였다. 그러자 공동체의 지도자들이 기꺼이 따랐고 온 "회중이 다 '아멘' 하고 여호와를 찬송하고 백성들이 그 말한 대로" 행하였다(13절). 문제는 해결되었고 공동체의 연합은 지켜졌으며 더욱 공고해졌다. 성벽 재건 역사도 이어졌다.

공동체에서 내 존재를 과시하는 것이 동기가 되어서는 안 된다. 우리의 삶으로 하나님 뜻을 이루어드리는 기분 좋은 역사가 계속되기를 바란다. 특히 공동체의 지도자 역할을 하고 있는 이들은 사람들의 인정을 받기 위해서가 아니라 하나님께 쓰임 받고 인정받기 위해서, 하나님의 공동체를 건강하고 튼튼하게 세우기 위해서 그 자리에 있음을 다시 한 번 기억해야 한다. 빠르게 변하는 세상 속에서 공동체와 우리 자신도 적절하게 변화에 맞추어 나가야 한다. 그러나 복음을 적절하게 담아내기 위해 변화해야지, 변화 속에서 세파와 함께 흔들리다가 복음의 본질을 잃어버리고 헤맨다면 공동체는 물론 자기 자신조차 매몰되고 말 것이다.

크건 작건 공동체 안에서 갈등을 겪고 있는가? "우리는 왜 존재하는가? 우리 공동체(가정 혹은 교회, 사회, 민족)의 존재 이유는 무엇인가? 우리는 어디로 가야 하는가?" 본질을 진지하게 생각해 볼 기회를 마련하라. 그럴 때 또 다른 기회가 주어진다. 그러나 본질을 회복하지 못하면 갈등은 곧 불행으로 이어진다.

하나님의 관심이 무엇인가

갈등의 원인을 파악한 느헤미야는 이 어려움을 하나님 말씀으로 돌아갈 기회로 삼았다. 느헤미야는 이 일을 계기로 백성들 마음속에 하나님을 경외하는 것과 하나님의 법칙이 바로 서기를 원했다. 느헤미야가 지적한 것은 무엇인가? 백성들 가운데 하나님 말씀이 없다는 사실이었다. 다들 처음에는 예루살렘으로 돌아오면서 그 동안 모은 재산과 정부 지원금 등 많은 것을 가지고 넉넉하게 왔지만 흉년이 들고 농사일에 소홀해지면서 생활은 점점 어려워졌다. 먹고살 길이 막막해지자 돈 있는 사람이 없는 사람에게 빌려주는데, 높은 이자를 적용하고 담보를 잡히게 하고 없을 때는 자식까지 노예로 팔게 하니 일반 백성의 마음에 분노가 생기기 시작했다. 게다가 귀족과 관리들은 같은 이스라엘 민족이면서 성벽 쌓는 일에 동참하지도 않고 고리대금업으로 자기 이익만 챙기고 있으니 없는 살림에 정성스런 마음으로 사역에 동참하던 사람들은 상대적 박탈감을 느낄 수밖에 없었을 것이다.

느헤미야는 귀족과 관리들에게 담보로 잡은 밭과 포도원과 감람원과 집을 당장 돌려주고 꾸어준 돈이나 곡식이나 새 포도주나 기름에 대해 받은 이자도 돌려보내라고 말한다. 이스라엘 모든 백성이 하나님 경외하는 법을 기억하고 하나님의 법을 지킬 것을 명하고 있다. 하나님의 말씀이 삶 속에 새롭게 세워지면서 백성들은 회개하고 약속대로 잘못 취한 것을 돌려주는 등 변화가 일어났다.

살아가는 것이 어렵고 힘들 때면 사람은 누구나 더 이기적으로 돌변한다. 고아원이나 양로원, 장애인 보호시설에는 돕는 손길이 턱없이 부족하다. 삶의 부담을 나누려 하지 않고 희생하려 하지 않는다. 왜인가? 느헤미야는 하나님의 기준을 잊어버렸기 때문이라고 지적하고 있다.

바울은 "너희는 이 세대를 본받지 말고 오직 마음을 새롭게 함으로 변화를 받아 하나님의 선하시고 기뻐하시고 온전하신 뜻이 무엇인지 분별하도록 하라"(롬 12:2)고 말한다. 세상 흐름을 따라 갈 것이 아니라, 갈등의 원인은 우리 속에 하나님 말씀이 없기 때문임을 기억하고 말씀을 되새기는 기회로 삼을 때 말씀 속에 약속되어 있는 축복을 다시 누릴 수 있을 것이다.

갈등과 어려움이 오면 본능대로 움직이는 사람이 너무 많다. 그렇게 피차 물고 뜯고 먹으면 망할 수밖에 없다는 것이 성경의 진리다. 돌이켜 갈등의 원인이 어디로부터 온 것인지, 하나님 말씀이 하나님 말씀으로 서 있는지를 돌아보는 기회로 삼아야 할 것이다. 민족의 아픔 앞에 교회는 무엇을 하고 있단 말인가?

다윗은 실수도 어려움도 많았지만 하나님께서 끝까지 쓰신 이유가 있다. 위기와 어려움에 직면할 때마다 하나님 앞에서 늘 자기를 살폈기 때문이다. 그는 나단 선지자가 잘못을 지적하자 왕좌에서 내려와 옷을 찢고 재를 뿌리며 회개했다. "하나님이여, 내 속에 정한 마음을 창조하시고 내 안에 정직한 영을 새롭게 하소서. 나를 주 앞에서 쫓아내지 마시며 주의 성신을 내게서 거두지 마소서. 주의 구원의 즐거움을 내게 회복시키시고 자원하는 심령을 주사 나를 붙드소서"(시 51:10-12)라고 기도했다. 말씀을 되새기며 끝까지 붙들었기에 하나님은 다윗을 평생 동안 사용하실 수 있었다.

요나는 하나님의 뜻을 거부하고 도망가다가 큰 물고기 뱃속에 들어가게 되었다. 그러나 물고기 뱃속에서라도 하나님의 말씀을 붙잡자 다시 사명을 이룰 기회를 얻었다. 위기와 갈등의 시기에 우리의 행동 원칙은 무엇인가? 본능인가, 아니면 말씀으로 돌아가 하나님의 법을 다시 세울 기회로 삼는 것인가?

미국의 실업가로 장관까지 지낸 존 워너메이커는 백화점 왕이라는 별명이 있다. 그는 미래를 예측하는 탁월한 판단력과 뛰어난 경영 능력이 있어서, 그가 투자해서 구입한 물건은 매번 많은 이익을 남겼다. 한번은 신문기자가 그에게 지금까지 투자한 것 중에 가장 성공한 것이 무엇이냐고 물었다. 워너메이커는 열두 살 때에 2달러 50센트를 투자해서 산 성경책이라고 대답했다. 그때 그 성경책이 오늘날 자신을 만들었기 때문이다.

갈등과 방황의 시간을 지내고 있다면 분노와 흥분의 감정에 이끌려 마냥 따라가지 않도록 주의하라. 깊이 숙고하여 하나님의 말씀이 바로 세워지지 못한 부분이 무엇인가를 돌아보고 결단이 필요하다면 결단을 내려 새로운 전기를 마련하도록 하라. 지금은 말씀의 원칙을 다시 세울 때다. 가정에서 말씀을 다시 세우고, 교회에서 말씀을 다시 세우고, 내 삶 속에 무너진 말씀의 단을 다시 쌓을 때 하나님은 다시 소생할 기회를 주신다. 아무리 우리가 애쓰고 대단한 일을 이루어도 하나님이 손 놓아버리시면 다 쓸모없다. 하나님께 인생의 마지막까지 붙들리기를 원한다면 말씀의 원칙을 심령 속에 굳게 세워야 한다. 그것이 이스라엘 공동체가 살아날 수 있었던 이유다.

하나님 앞에서 나는 어떠한가

갈등과 고난의 시기에 느헤미야는 자신을 돌아보았다. 자신이 하나님 앞에서 산 삶을 돌아보고 "내 하나님이여, 내가 이 백성을 위하여 행한 모든 일을 생각하시고 내게 은혜를 베푸시옵소서"(19절)라고 기도했다.

하나님을 경외한 느헤미야는 총독으로서 당연히 받을 권리가 있는 월급을 받지 않았다. 총독은 활동비 명목으로 백성들에게 세금과 양식과 포도주를 거두는 게 관습이었으나 느헤미야는 성 역사에 전념하고 백성을 괴롭히지 않았다. 통치자가 수하 참모들과 신하들을 부양하는 당시 페르시아 제국의 관습대로 느헤미야는 매끼 150명이나 되는 이스라엘 관리들과 그 외에도 여러 이방인을 먹였다. 총독의 직무를 수행하는 데도 적잖은 비용이 들었지만 느헤미야는 백성에게 짐을 지우지 않으려고 12년간 세금을 부과하지 않았다. 학자들에 따르면 느헤미야는 그 많은 재정을 충당하기 위해 페르시아 왕의 신하로서 받는 월급과 사유재산까지 털어 백성을 섬겼을 것이라고 한다.

오늘날 모든 지도자가 그렇게 해야 하는 것은 아니며 그럴 수도 없지만, 느헤미야가 기꺼이 자기 것을 드릴 수 있었던 것은 꿈 때문이었다. 그에게는 '이 백성을 하나님 앞에 다시 세우리라. 하나님의 백성이 하나님 백성 되게 하리라. 이들 가운데서 하나님이 진정 하나님으로 높임을 받으시리라'는 소망이 있었다.

공동체를 향해 꿈을 품은 사람은 오늘의 삶이 다르다. 꿈을 이루고 미래를 열어가기 위해 오늘 내 삶이 거름이 되고 뿌리가 되어야 함을 알기에 조용히 드러나지 않게 헌신하기 때문이다. 하나님 나라를 향한 꿈은 공동체를 위해 개인의 이익을 포기할 수 있는 힘을 준다. 느헤미야가 고백했듯이 지금껏 그가 그렇게 살아온 것은 하나님을 경외하기 때문이다. 하나님의 백성, 하나님의 공동체를 섬기는 일에 조금이라도 방해가 되기를 원치 않았기 때문이다. 하나님을 경외하지 않는 인생에는 일어날 수 없는 일이다. 하나님을 경외하며 공동체를 사랑하는 사람은 개인의 삶에서도 하나님의 기준이 분명하다. 공동체가 은혜를 누리기를 갈망하여 개인의 삶에서 누릴 수 있는 은혜를 스스로 절제한다. 자신의 풍요로움이 다른 사람과 공동체로 흘러갈 수 있도록 문을 열고 마음을 기울인다. 그리고 오직 하나님께만 인정을 구한다. 이런 한 사람이 있을 때 하나님은 그 사람 때문에 공동체 전체를 회복시키시고 부흥을 누리게 하신다.

내 가정, 우리 모임, 우리 교회, 내가 속한 사회와 나라. 크고 작은 공동체 속에서 하나님의 꿈을 좇아 나아갈 때에도 우리의 죄성과 사단의 유혹으로 인하여 갈등과 반목은 얼마든지 일어날 수 있다. 문제는 우리가 그러한 갈등 앞에 얼마나 준비되어 있느냐다. 제대로 대처하지 못하면 작은 불화는 곧 우리 자신과 우리가 속한 공동체를 무너뜨릴 수도 있다. 그러나 이 작은 갈등을 제대로 처리한다면 공동체의 결속과 하나됨이라는 놀라운 열매를 맺을 수도 있다.

먼저 갈등의 본질을 파악하라. 이 갈등의 진짜 원인은 무엇인가를 파악하는 것이다. 그런 후에는 공동체의 본질을 점검하라. 우리 공동체의 원래 정체성은 무엇인가, 하나님이 원하시는 모습은 무엇이며 우리가 지금 기억해야 할 하나님의 기준은 무엇인가를 돌아보고 말씀의 기준을 세우는 것이다. 그리고 그 모든 과정 중에, 드러나지 않는 리더십으로서 나의 삶을 하나님 앞에 정결하게 드리라. 하나님이 우리를 위하여 낮아지셨듯이 우리도 조금이나마 공동체를 위하여 낮아질 수 있는 부분을 찾아 섬기는 것이다.

하나씩 하나씩 산을 넘고 있다. 황폐하던 마음을 두드려 꿈을 심고, 격려하여 일으키고, 외부의 공격을 막아서고, 내부의 갈등을 해결하고……. 그러나 아직도 가야 할 길이 멀다. 더디지만 하나님의 약속은 반드시 이뤄진다는 것을 기억하고 다시 한 번 힘을 내어 새로운 도전을 맞이하자.

9장
새로운 도전

느헤미야 6장

겨우 내부의 갈등을 해결하고 공동체가 새로워지나 했는데 숨도 돌리기 전에 또 새로운 도전에 맞닥뜨렸다. 산발랏과 도비야와 게셈 무리가 다시 계책을 펼친 것이다. 선한 일을 하려 할 때 끊임없이 나타나는 반대와 장애물 때문에 낙심하기가 쉽다. 하나님께서 원하시는 일을 하지 못하도록 반대하는 세력에 부딪힐 때가 있다는 것이다. 반대하는 이유가 나의 연약함이나 잘못 때문이라면 허물을 인정하고 잘못을 바로잡고 연약함을 훈련하여 다시 시작하면 되지만 그렇지 않을 때에는 주변의 반대에 대해 분별할 필요가 있다. 많은 경우 하나님의 자녀답게 살지 못하게 만드는 어둠의 세력, 사단이 배후에 있기 때문이다.

느헤미야는 목적이 분명한 사람이었다. 예루살렘 성을 재건하는 것과 더불어 선택받은 백성다운 삶의 모습을 회복하는 것을 목표로 시작한 성벽 공사가 이제 거의 마무리 단계에 이르렀다. 성문에 문짝만 달면 되는 시점에서 산발랏과 도비야의 새로운 공격이 시작되었다. 만약 느헤미야가 이들의 줄기찬 회유와 협박에 못 이겨 포기했다면 이스라엘을 향한 하나님의 뜻은 어떻게 되었을까. 그러나 느헤미야는 넘어지지 않고 극복하여 주님의 뜻을 이루어드렸다. 어둠의 세력은 성도가 성도답게, 교회가 교회답게 되는 것을 방해하는 방법을 너무나도 잘 알고 있다. 그러나 느헤미야는 사단의 방해를 철저하게 대비했기에 시련을 이겨내고 완성을 향하여 나아갈 수 있었다.

타협이라는 음모

산발랏과 도비야는 예루살렘 재건을 중단시키기 위해 '음모'라는 방법을 택한다. 6장 1-4절을 보면, 성이 거의 완공되어갈 무렵 산발랏과 게셈이 사람을 보내 화친할 것을 청한다. "이제 당신은 문짝만 달면 되니 느헤미야 당신이 한 일을 인정해 주겠소. 그러니 오노 평지의 한 마을에서 만나 화친하는 것이 어떻겠소?" 이런 청을 거절할 이유가 무엇이겠는가. 예루살렘 성과 이스라엘 민족을 인정하고 화친하자는데 누가 거절하겠는가.

이제까지 산발랏과 도비야는 비난과 조롱으로 느헤미야를 공격했지만, 이번에는 음모라는 방법을 택했다. 진짜 의도는 감추고 허울 좋은 내용으로 미혹케 하는 것이다. 그들이 내민 겉포장은 타협이었다. 일반적으로 타협이라고 하면 부정적인 이미지가 강하지만 타협이 나쁜 것만은 아니다. 우리 사회에서 노사간에 타협을 하지 못해 어려움을 겪는다거나 대통령과 국회가 타협을 하지 못하여 국민을 불안하게 만드는 경우는 흔하게 볼 수 있다. 서로 원하는 조건을 제시하고 검토하여 양쪽이 모두 만족할 수 있는 합의점을 찾는 것이 타협인데, 우리 문화는 조건을 따진다는 개념과 양보한다는 개념, 처음의 주장을 수정한다는 개념 등을 의지가 곧지 못하고 조건에 따라 마음이 달라진다는 의미로 받아들여 타협을 '시류에 영합한다' 나 '지고 들어간다' 의 다른 말로 생각하는 경향이 있다. 타협은 여러 사람이 모두 만족할 수 있는 해결책을 찾는 좋은 방법이다.

단, 타협에는 원칙이 있다. 타협하기 전에 목적이 같은지 확인하는 것이다. 산발랏과 도비야가 타협하자고 손을 내밀었을 때 느헤미야는 목적이 같은지 살폈다. "실상은 나를 해하고자 함이라"(2절, 개역개정). 자신들의 영역으로 불러내어 해침으로써 성의 중건을 막으려는 의도가 있음을 알 수 있었다. 산발랏과 도비야의 목적은 자신들의 이익을 손해 보지 않으려고 예루살렘 성의 중건을 막고 이스라엘이 하나님의 백성으로 번성하지 못하게 하는 것이었다. 느헤미야는 폐허가 된 성터에 흩어져 사는 이스라엘 백성을 회복시키고 하나님의 영광을 되찾기 위해 예루살렘 성을 재건한다는 목적이 있었다. 양쪽의 목적은 완전히 달랐다. 서로 목적이 다른 양측 간의 타협은 본질적인 문제를 상하게 하기 마련이다. 느헤미야는 단호하게 거절했다. 사람을 보내 "내가 이제 큰 역사를 하니 내려가지 못하겠노라. 어찌하여 역사를 떠나 정지하게 하고 너희에게로 내려가겠느냐?"라는 말을 전하게 했다(3절).

사단의 교활한 타협 음모는 성경 여러 곳에서 찾아볼 수 있다. 대표적인 출애굽 사건을 보면 모세가 바로에게 찾아가 이스라엘 백성을 보내라는 하나님의 명령을 전하는 장면이 나온다. 바로는 들은 체도 하지 않는다. 그러다 파리 재앙을 겪은 후 바로는 "내가 너희를 보내리니 너희가 너희 하나님 여호와께 광야에서 희생을 드릴 것이나 너무 멀리는 가지 말라. 그런즉 너희는 나를 위하여 기도하라"며 타협안을 내놓는다. "예수를 믿어도 너무 광신적으로 믿지는 말아라" "새벽기도나 심야기도처럼 힘들고 불편한 것은 하지 말아라. 종교가 마음에 위로만 주면 되는 것 아니냐" 같은 말이다. 신앙생활에 너무 몰입하지 말라는 것이다. 하나님을 믿고 사랑하는 인격적 교제로서의 신앙생활이 아니라 일반적인 사회통념에 거슬리지 않는 취미로서의 신앙생활을 하라는 것이다. 사단의 목적을 분별할 수 있어야 한다.

바로는 또 메뚜기 재앙 후 남녀노소와 우양을 데리고 가겠다는 이스라엘의 요구에 남자만 가서 여호와를 섬기고 오라고 말한다. "믿으려면 너 혼자 믿어라. 네 배우자와 네 자녀들도 다 생각이 있고 선택할 권리가 있으니 신앙을 강요하지 말아라. 가족들까지 끌고 들어가는 것은 그들의 인권을 침해하는 일이다"라는 말이다. 언뜻 그럴듯하게 들린다. 사실 가족에게 신앙을 권하는 것은 너무나 힘든 일이다. 그러나 잊지 말아야 할 것은 이것이 영혼의 문제라는 엄연한 사실이다. 가족의 영원한 생명이 걸려 있는 문제인데 부담없이 자율에 맡겨도 되는가? 가장 소중한 것을 전할 수 없다면 진정한 가족도 진정한 사랑도 아니다. 차라리 신앙의 확신이 없다고 말하는 편이 더 솔직한 고백이다.

아홉 번째 재앙인 흑암의 재앙이 임하자 바로는 "다 나가라. 단 너희 양과 소는 두고 가라"고 말한다. 조건을 계속 내주면서 끝까지 타협을 요구하고 있다. 이 말은 "네가 예수 믿는 것은 네 자유이나, 물질과 시간까지 희생하지는 말아라" 하는 것이다. 예수를 그리스도로 믿으면 분명 구원을 얻는다. 이것은 하나님의 약속으로 법적인 것이다. 그러나 구원과 함께 자아관과 인생관, 가치관과 세계관이 총체적으로 변하지 않으면 세상에서 빛과 소금으로 살아갈 수 없다.

매주 교회에 와서 기도하고 봉사도 열심히 하지만 실제 삶에서 물질과 시간을 사용하는 데는 하나님의 말씀보다 세상의 흐름을 기준으로 삼는다면 그는 예수 믿는 사람일지는 몰라도 역사를 변혁시킬 사명자는 아니다. 마르틴 루터는 돈지갑의 회심 없이 진정한 변화는 없다고 했다. 수영이나 운전은 겉보기엔 별것 아닌 듯 보여도 훈련을 받지 않은 사람은 할 수가 없다. 마찬가지로 그리스도를 따르는 삶도 실제 생활에서 하나님과 동행하며 훈련한 사람만이 시간과 물질을 그리스도인답게 사용할 수 있다.

느헤미야가 사단의 타협안을 분별할 수 있었던 것은 두 가지를 견고히 했기 때문이다. 한 가지는 목적을 분명히 한 것이고 다른 한 가지는 소명을 확인한 것이다. 이스라엘과 예루살렘을 회복시킨다는 하나님의 위대한 목적이 느헤미야 자신을 통하여 이뤄지리라는 소명을 확인하자 그는 더 이상 흔들릴 이유가 없었다.

소명이 없는 사람은 자기 나름의 목적과 경험, 자존심을 위해 살아가게 마련이다. 오늘날 교회 공동체 안에도 사단의 교묘한 술책이 들어와 있다. 성도들이 하나님의 자녀답게 살아가고 교회가 건강하게 제 기능을 다하는 것은 분명한 목적이다. 우리가 분별해야 할 것은 교회 정책이나 교회에서 진행하는 일이 그 목적에 부합하느냐는 것이다. 또한 내가 하는 신앙생활이 정말 하나님의 영광을 위해 하는 것인지 내 자존심과 지위 때문에 어쩔 수 없이 하는 것인지를 분별해야 한다. 그리고 하나님의 분명한 목적을 이루기 위해 내가 이 일에 소명을 받았는가 아니면 교회라는 터 안에서 내 뜻을 한 번 펼쳐 보리라는 야망에 이 일을 하는가를 점검해야 한다. 올바른 목적을 위해 진정한 소명을 받은 사람은 타협을 가장한 사단의 음모에 넘어가지 않는다. 내 인생을 향한 하나님의 올바른 목적을 발견하고 내가 헌신해야 할 진정한 소명을 찾아야 한다. 하나님이 부여하신 내 삶의 의미를 따라 살겠다는 분명한 결단이 있다면 사단의 화친을 거부할 수 있다.

중상모략과 비방

네 번이나 간청하는데도 느헤미야가 반응이 없자 산발랏과 도비야는 '중상모략'이라는 방법을 선택했다. 이번에 보낸 편지에는 "당신과 유다 사람들이 반역을 모의하고 있고, 당신이 성벽을 쌓는 것도 그 때문이라는 소문이 여러 민족 사이에 퍼져 있소. 가스무도 이 사실을 확인하였소. 더구나 이 보고에 따르면, 당신은 그들의 왕이 되려고 하고 있으며, 예루살렘에서 당신을 왕으로 떠받들고서 '유다에 왕이 있다'고 선포하게 할 예언자들까지 이미 임명하였다는 말을 들었소. 이러한 일은 이제 곧 왕에게까지 보고될 것이오. 그러니 만나서 함께 이야기합시다"(6-7절, 새번역)라는 제안이 담겨 있었다. 그들은 일부러 편지를 밀봉하지 않음으로써 편지를 전달하는 과정에서 사람들이 읽고 소문이 퍼져 나가도록 교묘한 중상모략을 펼쳤다. 만약 이 소식이 왕의 귀에 들어간다면 느헤미야는 사실을 밝히기 위해서라도 왕궁으로 돌아가야 한다. 느헤미야가 왕궁에 다녀오기 위해 자리를 비우면 성벽 공사도 중단될 것이고, 호시탐탐 기회만 노리던 산발랏과 도비야는 이스라엘 백성들이 하나님 백성다운 삶을 살지 못하도록 만들 수 있게 되는 것이다.

참으로 간교한 방법이다. 어떻게 할 도리가 없다. 자신의 명예에 흠이 가거나 지위를 위협하는 일에 무신경한 사람은 흔치 않다. 나부터도 그런 상황이 생기면 '내가 이런 이야기까지 들어가면서 할 필요가 있나, 여기서 관두면 그만이지' 하고 한발 물러서게 된다. 마귀의 전략이 성공하는 순간이다.

중상모략과 비방을 당하면 너무나 억울해서 사람들을 만나 직접 해명하고 싶다. 그러나 사람들은 잘 들어주지 않는다. 모두 자기 입장에서 판단할 뿐 당사자의 말만 듣고 전적인 신뢰를 주지는 않는다. 만약 느헤미야가 계략에 말려들어 소문을 잠재우려고 동분서주 뛰어다녔다면 성 건축은 훨씬 더 미뤄졌을지도 모른다. 느헤미야는 "당신이 말한 것은 사실이 아니오. 당신이 마음대로 생각하여 꾸며낸 것일 뿐이오"라고 분명하게 회신한 후, 하나님 앞에 나간다. 느

느헤미야의 영적인 지혜가 빛나는 대목이다.

중상모략은 몇 가지 사실을 약간 삐딱하게 해석하되 단언하지 않고 모호하게 이야기를 흘린다는 특징이 있다. 이른바 '카더라 통신'을 이용하는 것이다. 사람들 입을 오르내리면서 이야기에 살이 붙어 처음보다 더 심해지고 나중에는 기정사실이 되어버린다. 그러나 소문의 근원을 추적하여 처음에 얘기를 꺼낸 사람을 붙들고 물어보면 "그런 이야기는 한 적이 없다"고 발뺌을 한다. 그가 시작한 삐딱하고 모호한 이야기에 살이 붙고 확정적인 결과가 붙으면서 처음과는 사뭇 다른, 그러나 당사자에게는 큰 피해를 입힐 수 있는 소문이 되었으니, 원하는 결과를 얻어놓고 책임은 회피하는 교활한 사람들이다. 바로 산발랏과 도비야의 작전이 그것이었다.

이러한 작전에 말려들 필요가 없다. 아닌 것은 분명하게 아니라고 밝히되 느헤미야처럼 하나님 앞에 나아가야 한다. 우리 힘으로 중상모략 하는 사람을 감당할 수 없고, 그 과정에 참여한 수많은 사람들은 더더욱 어찌할 수가 없다. 하나님이 해결해 주셔야만 한다. 이런 일을 당할 때에는 이리저리 뛰어다니며 시간을 허비하지 말고, 사실이 아닌 것은 아니라고 분명히 밝히고, 맡겨진 일을 더욱 열심히 하며 하나님 앞에 나아가라. 그들의 목표는 내가 하는 하나님의 일을 방해하는 것이다.

찰스 스윈돌은 모함을 '소문'이라고 규정하고, 소문은 누가 유포했는지 정체가 드러나지 않으며 주로 과장되고 부정확하며 누군가를 헐뜯기 위해 만들어지는 이야기라고 말했다. 모건 블레이크라는 사람이 〈애틀랜타 저널〉에 이런 글을 썼다.

나는 누구에게든 치명적인 타격을 가할 수 있는 힘과 기술을 가지고 있다. 나는 상대방을 죽이지 않고도 눌러 이길 수 있다. 나는 가정과 교회와 국가를 파괴한다. 나는 어떠한 건장한 사람의 건강도 파괴할 수 있다. 나는 어떠한 담대한 사람의 인생도 파괴할 수 있다. 나는 날개를 타고 바다를 여행한다. 순결한 사람도 내게는 무력하며 정의로운 사람도 내게는 무력하다. 나는 진리와 정의와 사랑을 경멸한다. 나는 나의 희생자를 전 세계에 거느리고 있다. 나는 바닷가의 모래알보다 더 많은 오해를 거느리고 있다. 나는 결코 망각하지 않는다. 나는 결코 용서하지도 않는다. 내 이름은 중상모략이다.

우리는 이러한 범죄에 참 많이 시달려 왔으면서도 또다시 이 범죄에 가담한다. 그래서 청교도들은 세 가지 원칙을 세워놓았다고 한다. 첫째 원칙은 '이것이 사실인가?', 둘째 원칙은 '본인에게 확인했는가?', 셋째 원칙은 '만약 사실이라 할지라도 이 이야기가 퍼졌을 때 하나님께 영광이 되고 내 형제에게도 유익한가?' 이다.

성경은 에베소서 4장 29절에서 "무릇 더러운 말은 너희 입 밖에도 내지 말고 오직 덕을 세우는 데 소용되는 대로 선한 말을 하여 듣는 자들에게 은혜를 끼치게 하라"고 말한다. 잠언 6장 16-19절에는 여호와께서 미워하는 것 예닐곱 가지가 나오는데 그 중에 혀와 관계된 것이 세 가지나 된다.

교회 안에도 여러 이야기가 난무한다. 그러나 듣는 말마다 쫓아다니며 사실을 확인하고 변명을 할 수는 없다. 오히려 과민반응이라며 이상하게 생각할 것이다. 울분도 터지나, 사실이 아닌 것은 아니라고 말하고 객관성을 유지하려고 애쓰면서 하나님 앞에 문제를 들고 나가라. "하나님, 만약 잘못이 있다면 저를 징계하시고 제가 깨닫게 해주십시오. 그러나 하나님께서 진정 원하시는 일을 방해하기 위하여 사단이 궤계를 쓰는 것이라면 하나님의 일을 어서 이루도록 저를 강하게 해주십시오. 그리고 사단의 도구가 되고 있는 그 사람이 깨닫고 돌아오게 해주십시오." 기도하는 방법밖에 없다. 억울한 것을 풀겠다고 인생을 낭비하지 말라. 그것은 영적으로 손해 보는 일이다. 영적으로 이기는 길은 사단이 기를 쓰고 말리려는 그 일을 더욱 열심히 이루어가는 것이다.

거짓 협박

이번에는 종교적인 옷을 입은 '협박'이었다. 산발랏과 도비야는 선지자 스마야에게 거짓 예언을 하게 한다. "느헤미야여, 당신이 오늘 밤 공격당할지도 모릅니다. 산발랏과 도비야가 자객을 보내 오늘 밤 당신을 죽일 것이니 성전으로 피하셔야 합니다. 성전에서 문을 걸어 잠그고 같이 기도하십시다." 얼마나 그럴듯해 보이는가! 선지자가 위험을 예고하며 성전에서 기도하자는데 느헤미야가 거절할 이유도, 의심할 이유도 없다. 실제로 산발랏과 도비야가 자객을 보내 느헤미야를 죽일 가능성도 충분히 있었고 성전에 대해 잘 아는 선지자가 내놓은 제안이니 믿을 만하기도 했다. 그러나 느헤미야는 하나님의 말씀에 정통했다. 율법에 있는 말씀들, 곧 "장막을 운반할 때에는 레위인이 그것을 걷고 장막을 세울 때에는 레위인이 그것을 세울 것이요 외인이 가까이 오면 죽일지며"(민 1:51), "너는 아론과 그 아들들을 세워 제사장 직분을 행하게 하라. 외인이 가까이 하면 죽임을 당할 것이니라"(민 3:10), "너와 네 아들들은 제단과 휘장 안의 모든 일에 대하여 제사장의 직분을 지켜 섬기라. 내가 제사장의 직분을 너희에게 선물로 주었은즉 거기 가까이 하는 외인은 죽임을 당할지니라"(민 18:7, 개역개정)와 같은 말씀들은 성전에 제사장만 들어갈 수 있고 그 외에 가까이 하는 사람은 죽임을 당한다고 가르친다. 느헤미야가 성전에 몸을 피했다면 율법을 어긴 것으로 죽임을 당할 근거를 제공하는 셈이었다. 하나님과 깊이 교제하고 말씀을 알았던 느헤미야는 아무리 위험해도 율법을 어길 수는 없었으므로 스마야에게 이렇게 답했다. "나 같은 사람더러 도망이나 다니란 말입니까? 나 같은 사람이 성소에 들어갔다가는 절대로 살아나올 수 없습니다. 나는 그렇게는 못합니다"(6:10, 새번역). 느헤미야는 후에 스마야가 뇌물을 받고 일을 꾸몄음을 알아내었다.

목사가 하는 말이라도 덮어놓고 믿어서는 안 된다. 하나님의 말씀에 비추어보아 옳지 않으면 믿지 말아야 한다. 목사도 사람이므로 죄를 지을 수 있고 하나님의 말씀을 곡해할 수 있기 때문이다. 그러므로 분별할 수 있도록 늘 하나님의 말씀을 마음에 두고 새겨야 한다. 경험이나 상식이나 사람들의 기준으로는 분별할 수 없다. 교회 오래 다닌 사람들을 보면 다 아는 것처럼 말하면서 성경공부를 하지 않으려 하는데, 가만히 들어보면 익숙한 성경말씀을 자기 생각대로 잘못 해석하여 결국 상식과 경험으로 다 통하는 성경을 만들어 버린다. 사단은 우리가 하나님의 자녀로서 올바른 자리에 서지 못하게 하려고 끊임없이 간교하게 우리를 유혹한다. 거기에 마음을 내어주면 곧 무너지고 만다. 그러므로 우리는 더욱 기도와 말씀으로 하나님의 뜻을 분별하는 지혜를 얻어야 한다.

느헤미야에게 시험이 찾아온 것은 성이 완성될 즈음이었다. 시험은 우리가 무언가를 어렵게 이뤄내고 완성할 시기에 쉽게 찾아온다. 고린도전서 말씀에 "선 줄로 생각하는 자는 넘어질까 조심하라"고 했다. 이제는 든든히 섰다고 생각할 때 조심하라는 것이다. 느헤미야의 지혜는 삶의 목적과 사명을 정립하고, 중상모략에 사실로 대처하며 하나님께 나아가는 것이었다. 하나님 말씀을 마음속에 새겼기 때문에 가능했다. 훈련 받고 배우며 묵상하라. 말씀이 내 인생 가운데 흔들리지 않는 기준이 되게 하라. 그럴 때 분별할 수 있는 지혜를 얻고, 나를 통해 이루기 원하시는 하나님의 뜻에 순종할 수 있다.

10장

성벽 완성, 그 이후

느헤미야 7장

1992년 가을, 미국의 유명한 요트 항해가인 마이클 플랜트는 미국에서 프랑스까지 북대서양 단독 횡단에 나섰다. 이미 세계 일주에도 성공한 경력이 있는 플랜트는 항해 분야에서는 필적할 만한 사람이 없는 전문가였다. 플랜트가 직접 만든 요트는 선체의 디자인이나 제작에 사용된 재료, 편의시설 면에서도 현대 항해지식의 최첨단에 선, 완벽에 가까운 배였다. 비상시에는 인공위성으로 메시지를 자동 전송해 주는 가장 정확하고 완벽한 소재 표시용 무전기 에펍(EPIRB)도 구비되어 있었다. 플랜트는 이렇게 장기 항해에 필요한 전문지식과 경험, 첨단장비를 갖추고 유럽을 향해 출항했다. 플랜트의 성공을 의심하는 사람은 아무도 없었다. 그러나 항해를 떠난 지 2주 만에 배는 전복된 상태로 수색대에 발견되었다.

배 중에서 가장 안전한 배로 알려진 요트는 여간해서 전복되지 않고 어떤 충격에도 견딜 수 있게 지어지기 때문에 플랜트의 최신 요트가 전복됐다는 사실에 사람들은 의아해했다. 의문을 가지고 전복 이유를 조사한 결과 특이한 사실을 발견했다. 요트가 안전하게 항해를 하기 위해서는 수면 위 부분보다 수면 아래에 잠기는 부분이 무거워야 하는데, 플랜트의 요트는 아랫부분을 무겁게 지탱해 주는 4톤짜리 밸러스트가 떨어져 있었다. 첨단 기술과 화려함을 겸비했지만 배를 안전하게 해주는 부분에 문제가 있었기 때문에 작은 파도에도 그만 전복되고 말았던 것이다.

사람들은 외형만 그럴듯하면 성공했다고 생각한다. 화려하고 아름다우며 대단한 지식을 갖췄다 하더라도 외형을 지탱할 만한 내면의 인격과 삶의 철학이 없다면 어느 날 갑자기 몰락할지도 모른다. 실제로 우리는 잘나가던 사람이, 혹은 잘나가던 기업이나 교회가 순식간에 몰락하는 것을 종종 보게 된다. 오늘날 사회는 물질적 풍요와 경제적 발전으로 화려하게 미래를 향해 달려 나가는 듯 보이지만 또한 도덕과 윤리의 파괴가 사회 곳곳에서 일어나는 것은 외면의 화려함을 관리할 만한 정신세계가 갖춰지지 않았기 때문이다. 내면의 황폐함은 가장 심각한 위기다.

프로젝트를 넘어 궁극적 목적을 기억하라

느헤미야와 이스라엘 백성은 수많은 시련과 방해를 이겨내고 예루살렘 성을 52일 만에 완공한다. 힘들었던 만큼 보람과 기쁨도 컸을 것이다. 그러나 느헤미야는 성벽의 완성 자체에 의미를 두지 않고 성의 재건이 궁극적으로 무엇을 위함인가를 인식했다. 마치 집을 구입하는 것보다 그 집에서 어떤 가정을 이루는가가 더 중요한 것과 같다. 작은 성공에 자만하지 않고 겉으로 드러난 풍요와 화려함을 지탱해 줄 본질적인 문제를 다루어야 했다. 전체적인 안목을 갖고 있을 때 가능한 일이다.

그는 자신이 해야 할 일이 무엇인지를 아는 사람이었다. 1차 목표는 예루살렘 성을 재건하는 일이었으나, 궁극적인 목표는 이스라엘 백성이 하나님의 백성으로서 정체성과 공동체성을 회복하고 열방을 향한 축복의 통로가 되는 것이다. 성벽 건축이 끝나고 성문에 문짝을 다는 것으로 공사는 마무리되었으나 느헤미야는 만족과 성취감에 안주하지 않고 곧바로 문지기와 노래하는 자들과 레위 사람들을 세우고 예루살렘 성을 다스릴 지도자를 세운다(1-4절).

성벽을 쌓는 일은 대단히 고달픈 일이다. 생명을 걸고 수많은 위협과 음모 속에서 공사를 진행했고 백성들도 최선을 다해 동참했다. 힘든 과정을 겪으며 성을 완공했으니 온 백성이 잔치하고 낙성식을 할 만도 한데 느헤미야는 경계를 늦추지 않고 오히려 더 철저히 한다. 6장 끝부분에서 성 역사가 마무리될 즈음 "도비야가 항상 내게 편지하여 나를 두렵게 하고자 하였느니라"고 밝혔는데, 느헤미야는 아직 완성되지 않은 하나님의 비전을 바라보며 더욱 경계하고 철저히 대비한 것으로 보인다.

작은 성공과 성취를 이룬 후에 실패하는 이유가 무엇인가? 애조의 목적을 잊어버리고 눈앞의 목표를 이룬 것에 만족하고 안주하기 때문이다. 이런 사람은 자연스럽게 '나'를 중심에 두고 자기의 수고와 노력으로 일을 이루었다고 보기 때문에 하나님에 대한 감사를 잊고 자만과 교만에 빠져 하나님이 하시고자 하는 더 큰 일을 상실하게 된다.

　북 이스라엘이 앗수르에 패망한 후 남 유다는 바벨론의 침공을 받아 멸망한다. 당시 예루살렘 성을 정복한 바벨론의 느부갓네살 왕은 유명한 사람이었다. 장군이며 왕인 동시에 정치가, 건축가, 예술가였다. 고대 근동 지방을 정복한 그는 어느 날 왕궁 옥상에서 거닐다가 혼자 중얼거렸다. "이 큰 바벨론은 내가 능력과 권세로 건설하여 나의 도성을 삼고 이것으로 내 위엄의 영광을 나타낸 것이 아니냐"(단 4:30). 대제국을 혼자 힘으로 다 이루었다고 생각하며 자부심이 차올라 스스로 감탄한 것이다. 그때 하늘에서 소리가 들려 나라의 왕위가 느부갓네살 왕에게서 떠났다고 하자, 그와 동시에 느부갓네살은 정신이상자가 되어 자기가 세운 궁에 거하지도 못하고 들에서 이슬을 맞으며 짐승과 함께 7년을 거한다. 하나님이 그를 회복시키셔서 다시 궁에 돌아오게 된 느부갓네살은 "나 느부갓네살이 하늘의 왕을 찬양하며 칭송하며 존경하노니 그의 일이 다 진실하고 그의 행하심이 의로우시므로 무릇 교만하게 행하는 자를 그가 능히 낮추심이니라"고 겸손히 고백한다. 자신의 성공이 스스로 잘해서 그런 게 아니라 하나님의 섭리임을 깨달은 것이다.

　머리가 뛰어나 특별히 노력을 하지 않아도 공부를 잘하는 사람이 있다. 한 번만 슬쩍 봐도 잘 외운다. 무척 부럽긴 하지만 뛰어난 암기력이 그 사람의 노력으로 얻어낸 것은 아니다. 부모의 유전자를 물려받았을 뿐이다. 얼굴 생김새도 우리의 노력으로 얻어낸 것이 아니라 타고난 것이다. 예쁜 얼굴, 조각 같은 이목구비를 타고날 수도 있고 조금 덜 생긴 얼굴을 타고날 수도 있다. 얼굴이 예쁜 사람도 안 예쁜 사람도 자기 노력으로 얻은 것이 아니다. 그런데 우리는 머리 좋고 잘생긴 것을 그 사람의 능력인 것처럼 착각한다. 느부갓네살처럼 싸우고 견디고 머리를 써서 왕의 자리에 오른 것도 하나님이 그에게 좋은 머리와 건강한 체력과 훌륭한 리더십과 적절한 국제 정세를 허락하셨기에 가능한 것이었다. 내 힘으로 이뤄냈다고 자랑할 수 있는 것이 무엇인가? 그중에 하나님께 받은 것을 제외하면 무엇이 남는가? 자기를 자랑하고 의지하는 사람은 어리석은 사람이다.

이스라엘 백성이 출애굽을 결심한 것은 애굽의 종살이가 고되고 힘들어서였지만 모세와 여호수아, 갈렙은 종살이를 벗어나는 데 목적이 있지 않았다. 이들의 비전은 하나님의 백성에게 주신 가나안 땅의 약속이었다. 이스라엘 백성이 막상 애굽을 떠나고 보니 광야 생활은 애굽의 종살이보다 훨씬 힘들었다. 광야에서 불평하고 원망하다가 모두 중도탈락하고 말았다. 그러나 궁극적인 비전을 가진 이들은 실패하지 않았고, 결국 여호수아와 갈렙은 가나안 땅에 들어갔다.

광야의 이스라엘 백성들처럼 우리도 조그만 것을 이루고 나면 그것이 전부라고 생각한다. 결혼을 앞둔 청년들은 결혼식이 인생의 정점이라고 생각한다. 나도 결혼하기 전 지금의 아내를 만날 때 혼신의 힘을 다했다. 매일 아내의 직장 앞에서 기다리다가 데이트를 하고 아내를 집에 데려다주고 돌아오면 새벽 1시가 되었다. 이런 생활을 3개월간 한 후 결혼 승낙을 받았을 때 얼마나 기뻤는지 모른다. 결혼식 날은 최고로 기쁜 날이다. 주례사도 귀에 들어오지 않을 정도로 흥분되는 날이다. 그러나 결혼식은 인생의 정점이 아니다. 결혼식은 결혼생활로 들어가는 하나의 과정이고, 진짜는 결혼식 이후다. 결혼식의 환상에 젖어 결혼생활을 잘해 나갈 준비를 하지 않는 사람은 결혼식 후에 상대에게 실망할 가능성이 크다.

우리 사회가 6-70년대에 외쳤던 구호는 "잘 살아보세"였다. 정말 가난했기 때문이다. 구호대로 허리띠 졸라매고 열심히 해서 잘 살게 되니 그 다음이 없다. 70년대와 80년대, 90년대에는 "독재 타도"가 목표였지만 독재를 타도하고 나니 역시 대안이 없다. 발등에 떨어진 눈앞의 문제만 해결하려 할 뿐 장기적인 안목으로 바라볼 궁극적인 지향점이 없기 때문이다. 또 다른 어려움과 풀어야 할 문제는 계속 발등을 찍으며 나타난다.

소기의 목표를 달성하는 데 만족하지 않는 비결은 궁극적 목적을 기억하고 큰 그림에 맞추어 작은 단기 목표를 세우고 실천하는 것이다. 오늘 내가 하는 이 작은 일이 하나님 나라의 큰 그림에서 어떻게 쓰일 것인지를 생각하는 것이다. 내가 하는 일의 성공으로 내 존재의 의미와 가치를 확인하려 하는 것은 내 비전을 붙드는 것이다. 우리의 존재는 하나님 앞에서 이미 가치 있고 의미 있는 존재라고 결정되었다. 우리가 이뤄낸 성과는 우리 존재의 가치에 아무것도 더하지 못한다. 내 비전이 아닌 하나님의 비전을 붙들라. 하나님은 우리를 가정과 직장과 교회와 사회로 보내셔서 우리가 속한 그곳을 하나님이 기뻐하시는 곳으로 가꿔가게 하신다. 우리는 여전히 수고하고 희생하지만 하나님이 허락하신 것 안에서 드리므로 과중한 부담에 눌리거나 중도하차하지 않는다. 작은 성취에 교만하거나 자만하지 않는다. 더 멀리, 꾸준히 가야 한다는 것을 안다.

축복을 관리하라

축복을 받는 것도 중요하지만, 받은 축복을 관리하고 유지하며 누리는 것은 훨씬 중요하다. 건강의 복을 받았지만 잘못 사용해서 건강을 잃는 사람을 많이 볼 수 있다. 물질의 복을 받았지만 그 때문에 자녀들이 서로 다투고 나누어지는 경우도 있다. 축복이 오히려 저주가 되는 상황이다.

느헤미야는 하나님의 돌보심으로 무사히 성벽 공사를 마친 예루살렘 성을 잘 지키는 것이 중요함을 알았다. 그는 예루살렘 성을 지키고 관리할 사람들을 세웠다. 예루살렘으로 들어오고 나가는 성문마다 문지기를 세운 것은, 전에는 성문은커녕 성벽도 마땅히 없어서 아무나 예루살렘에 드나들고 노략할 수 있었지만 이제는 예루살렘에 외부인이 출입하는 것을 통제하고 성 안 거주민을 보호하겠다는 뜻이다. 하나님이 축복하신 것을 이전과 같이 방치하지 않고 잘 관리하여 축복을 누리겠다는 뜻이다.

내가 속한 공동체는 영적 성문을 얼마나 잘 지키고 있는가? 성벽을 쌓고 문짝을 달았어도 언제나 활짝 열어둔다면 성벽이 없는 것이나 마찬가지다. 세상의 가치관이 마음대로 들어오지 못하게 문지기를 세워야 한다. 하나님이 주신 축복을 파괴하고 하나님의 자녀다운 삶을 살지 못하게 만드는 습관과 문화, 도덕과 윤리가 들어오려고 하면 문지기는 성문을 닫아야 한다. 반면 새로운 문물을 받아들이거나 하나님께로 돌아오는 사람들을 환영하기 위해서는 성문을 활짝 열어야 한다. 문지기는 졸거나 아무 생각 없이 서 있지 않고, 정신을 차리고 문을 드나드는 사람들을 살핀다. 하나님의 성에 어울리는 사람인지, 하나님의 백성을 넘어뜨리려는 사람인지 문지기가 판단하고 문을 열거나 닫는 것이다. 매번 문지기를 거치는 것은 사실 불편하다. 그러나 반드시 필요한 일이다. 하나님께 받은 복을 어느 샌가 잃어버리고 다시 황폐한 성터로 남기를 원치 않는다면 말이다.

느헤미야는 예루살렘 성읍의 책임자로 하나니와 하나냐를 세웠다. 그들을 선택한 이유는 그들이 하나님을 두려워하고 성실해서 백성을 잘 보살피기 때문이다. 5장 15절에서, 백성을 토색한 귀족들과 전에 있었던 총독들은 하나님을 경외하지 않아 백성을 돌아보지 않았다고 했다. 그래서 느헤미야는 하나님을 경외하고 하나님의 백성을 향한 동일한 비전을 가지고 성을 다스릴 사람을 선택한 것이다.

새로 지도자가 된 이들에게 느헤미야는 예루살렘 성읍을 보호하기 위한 수칙을 알려준다. 해가 높이 뜬 후에 성문을 열고, 아직 해가 있을 때 성문을 닫으라는 것이다(3절). 보통 해가 뜰 때 성문을 열고 해가 질 때 닫는데, 아직 이스라엘 백성이 약하고 힘이 없기 때문에 낮에 해가 떠 있는 동안 성문을 열고 닫게 한 것이다. 그리고 순서에 따라 성을 지키는데, 자기 집이 아니라 반대편 집을 지키게 한다. 이는 성을 지키는 원칙이었다.

영적인 축복을 관리하고 유지하는 데에도 원칙이 있다. 하나님 말씀을 읽지 않고 예배에 참석하지도, 기도하지도 않으면서 하나님과 동행할 수는 없다. 주야로 영화 보고 친구들과 도박하며 술 마시고 놀러 다니는 사람이 학교를 졸업할 수 있겠는가? 공부하는 원칙을 지키지 않으면 졸업할 수 없듯이, 우리에게는 지켜야 할 영적인 원칙이 있다. 마음 가는 대로 사는 것이 당장은 편하지만 중요하고 아름다운 유산을 지켜주지는 못한다. 영적인 관리를 하지 않는 사람과 공동체는 하나님의 뜻을 이루지 못한다.

영성의 자리를 지키라

성 건축을 마쳤지만 성에 거할 주민이 없었다. 성 안에 사람이 없으면 성읍으로서 역할을 할 수가 없다. 느헤미야는 하나님이 주신 축복을 어떻게 관리해야 할지 고민하고 기도했다. "그 성은 광대하고 거민은 희소하여 가옥을 오히려 건축하지 못하였음이니라. 내 하나님이 내 마음을 감동하사 귀인들과 민장과 백성을 모아 그 보계대로 계수하게 하신고로 내가 처음으로 돌아온 자의 보계를 얻었는데" (4, 5절). 하나님이 마음을 감동하셨다고 되어 있는데 원어로는 하나님이 느헤미야의 마음에 생각을 넣어주셨다는 의미다. 느헤미야는 귀환자들을 찾아야겠다고 생각했다.

이스라엘 백성들은 3차에 걸쳐 고향으로 돌아왔다. 바벨론 포로로 끌려가서 지내는 동안 각자 정착을 했기 때문에 귀환 명령이 있을 때 모두 돌아오지 않고 희망하는 사람 5만 명 정도만 돌아왔다. 1차 귀환은 느헤미야 당시보다 백 년쯤 전에 스룹바벨의 인도 하에 이뤄졌다. 2차와 3차로 귀환한 사람들은 찾기 쉬웠지만 1차 귀환자들에 대해서는 알 수 없었으므로 느헤미야는 족보를 찾아서 귀환한 사람들의 명단과 수를 확인한다.

학자들에 따르면 1차 귀환자들은 애국심이 있는 사람, 경건한 생활을 하려고 노력하는 사람, 또는 변화의 욕구가 있었던 사람 등 세 부류였다. 그들은 70년 포로생활에서 돌아와 조국을 찾고 자유롭게 하나님을 섬기며 새로 시작한다는 감격을 누렸다. 1차 귀환자 중 제사장은 많이 있었지만 제사장을 도와 성전에서 일해야 하는 레위인은 드물었다. 돌아가 봐야 고생할 것이 분명했기 때문이다. 이때 돌아온 레위인은 대단한 열심과 소망을 가진 사람들이다. 그러나 귀환자들은 대부분 각자의 고향으로 돌아갔다. 그들의 후손은 예루살렘이 아닌 유다 전역에 흩어져 살고 있었다. 하나님이 주신 땅이라는 소망을 가지고 돌아왔지만 훼파된 예루살렘 성과 잦은 침략으로 현실은 몹시 피폐했다. 아무도 보호해 주거나 지켜주는 사람 없이 스스로 살길을 찾아야 했던 그들은 각자 고향에서 삶을 꾸려나갔다.

인생을 사는 것 자체가 쉽지 않고 괴롭다. 먹고사는 것도 빠듯하고 공부하기만도 바쁘다. 혹은 사람들한테 상처를 받고 숨어버리기도 한다. 육신의 힘과 내 마음에 원하는 대로 살아가는 것은 언제나 괴로움의 연속이다. 고달픈 삶을 견뎌 보려고 하나님을 예배하는 자리를 떠나는 어리석은 결정을 하는 사람들이 있다. 하나님의 뜻을 좇아 살아가는 소명의 자리를 버리고 좀 더 쉽고 편한 세상의 길을 택하는 것이다. 그러나 힘들어도 하나님 안에 머물러 있어야 한다. 그곳이 우리의 삶의 자리이기 때문이다.

느헤미야는 이스라엘 전역에 흩어져 살고 있는 백성들을 예루살렘 성 안으로 이주시킬 계획을 세운다. '우리가 거할 땅은 하나님께서 허락하신 땅, 예루살렘이 아닌가? 우리 민족을 다시 세우고 하나님의 백성답게 살고자 바벨론의 편안한 삶을 버리고 고생을 감수하며 이곳으로 온 것이 아닌가? 잃어버린 우리 사명을 다시 찾자.' 11장에 이르러 드디어 백성들이 예루살렘으로 이주해 온다. 그들은 사명을 다시 찾고, 황폐한 땅이지만 기쁘게 하나님의 뜻에 동참한다.

이제 이사할 준비를 하라. 하나님이 허락하시고 명하시는 곳으로 가라. 그곳은 용서의 자리일 수도 있고 헌신의 자리일 수도, 기도의 자리일 수도 있다. 하나님이 원하시는 곳으로 가서 그 자리를 지키라. 비록 험난하고 어려운 곳이라 할지라도 하나님께서 당신의 일을 이루기 원하셔서 인도하신 것이라면 지켜야 한다. 그럴 때 우리는 메시야를 오게 하는, 예루살렘 유다 지파가 있던 그 자리에 머물게 된다.

느헤미야가 족보를 찾은 것이 예수님께서 유다 지파를 통해서 오심을 영적으로 확인하는 중요한 분기점이 된다는 사실을 기억하

라. 하나님이 원하시는 바로 그 자리에 설 때, 하나님은 나를 통해 메시야의 사역을 이루어 가신다.

11장
말씀이 선포되다

느헤미야 8장

일본 삿포로 농과대학 교정에 세계적으로 유명한 동상이 하나 서 있다. 동상이 유명한 이유는 그 사람이 미국 사람이어서, 혹은 세계적인 석학이어서가 아니라 동상에 적혀 있는 그가 한 말 때문이다. 모두가 한 번쯤은 들어봤을 "Boys, be ambitious!" (청년들이여 야망을 가져라)라는 말이다.

19세기의 식물학자이자 농학자인 윌리엄 클라크 박사는 1876년까지 미국 매사추세츠 주립 농과대학 학장을 지냈다. 당시 일본 정부는 삿포로에 농림학교를 설립하기로 결정하고 초대 교장으로 미국의 클라크 박사를 초청했다. 1876년 7월 초, 조수 2명과 학생 11명을 데리고 미국을 떠나 일본 요코하마 항구에 박사가 도착했을 때, 일본 문무성에서 장학관 한 사람이 마중 나와 있었다. 장학관은 클라크 교수 일행의 짐 보따리를 보며 물었다. "교수님! 무슨 짐이 이렇게 많습니까? 그 안에 무엇이 들었습니까?" 클라크 박사는 "성경책입니다"라고 대답했다. 장학관은 정색을 하고 정중하게 말했다. "교수님! 우리 일본에서는 학교에서 학생들에게 성경을 가르칠 수 없습니다. 이 성경책은 가져가실 수가 없습니다. 죄송합니다." 그러자 클라크 박사는 단호한 어조로 "그러면 나는 미국으로 돌아가겠습니다"라고 말했고, 당황한 장학관은 순간적으로 다음과 같이 말했다. "아닙니다. 교수님! 가지고 가셔도 괜찮습니다. 그러나 한 가지 조건이 있습니다. 강의 시간에 가르쳐서는 안 됩니다. 강의가 끝나고 방과 후에 가르치십시오." 자기 실수로 클라크 박사가 돌아간 것으로 보고되면 문책을 당할 것이기에 그만 엉겁결에 허락해 버린 것이다.

개교 후, 농림학교를 기획한 관리가 학교 교칙을 가지고 왔다. 관리는 "이 교칙대로 학교를 운영해 주십시오"라고 요청했지만 클라크 교수는 빙그레 웃으면서 "아닙니다. 규칙으로는 인간을 만들 수 없습니다. 'Be gentleman!' (신사가 되십시오!)이면 충분합니다"라고 대답했다. 그는 학교 교칙을 모두 폐지시키고 방과 후에는 모든 학생이 성경공부에 참여할 수 있도록 했다. 계약기간이 끝나고 미국으로 돌아가기 전에 학교에서 교수와 학생들을 모아놓고 고별 연설을 했는데, 그것이 유명한 "Boys, be ambitious! 이것만이 여러분의 살 길이다"라는 연설이다.

클라크 박사의 고별 연설이 이렇듯 유명해진 것은 그의 가르침이 당시 극도로 혼란 가운데 있던 일본에 커다란 영향을 끼쳤기 때문이다. 명치유신 이후 1868년의 일본은 국가 기강이 무너지고 청소년들은 가치관의 혼란으로 방황하고 있었다. 일본 역사는 이때를 일컬어 혼란기 혹은 과도기라 한다. 그러나 클라크 박사에게 교육을 받은 삿포로 농림학교 출신들은 사회 각처에서 어둠을 밝히는 정신적인 지도자가 되어 일본을 이끌었다. 그중에 일본의 간디라고 불리는 '우찌무라 간조' 나, 대석학 '니토베 이나조'가 대표적인 인물이다. 우찌무라 간조는 1877년에 삿포로 농림학교에 입학하여 클라크 박사에게 1878년 전도를 받고 학교에서 세례를 받았다. 니토베 이나조는 16세인 1878년에 입학해서 역시 클라크 교수에게 감화를 받고 기독교인이 되었다. 니토베 이나조는 민주주의 시대를 대표하는 자유주의 사상가요, 농정 학자다. 미국유학을 다녀온 후에는 삿포로 농림학교 교수 및 도쿄 제국대학 교수, 도쿄 여자대학 초대 학장을 지낸 후 유엔 사무국 차장을 역임하였다.

전도를 허락하지 않는 나라 일본에서 방황하던 젊은이들은 클라크 박사에게 성경을 배우고 꿈과 비전을 갖게 되면서 마음을 바로 잡고 마침내 역사를 바꾸는 인물들이 되었다. 클라크 박사에게 마지막으로 교육을 받은 '다나까 수상' 이후에는 일본이 경제적, 정치적, 사회적으로 심각한 어려움에 빠졌다고 한다. 일본의 각 계각층에서 기독교 정신으로 일했던 많은 인물이 클라크 교수의 제자였다.

사람의 말 한 마디가 인생과 역사를 바꾸는데, 하물며 하나님의 말씀이 갖고 있는 영향력은 상상할 수가 없다. 하나님은 태초에 말씀으로 세상을 창조하셨으며, 말씀으로 세상을 섭리해 가신다. 또한 이 말씀은 육신이 되어 우리 가운데 거하시고 인간의 힘으로는 해결할 수 없는 죄와 저주의 문제를 해결하셨다. 우리를 변화시키는 것도, 회복시키는 것도, 새로운 삶을 가능하게 하는 것도 하나님의 말씀이다. 부흥의 역사를 보면 개인이나 가정이나 교회나 나라나 동일하게 하나님의 말씀이 흥왕해질 때 새로운 변화가 일어난 것을 알 수 있다.

하나님이 느헤미야와 온 이스라엘 백성을 통해 예루살렘 성을 재건하신 후, 각자 살아가던 백성들은 이스라엘의 신년인 7월 1일 초막절을 지내기 위해 수문 앞 광장에 모였다(1절). 다시 세워진 예루살렘 성벽을 보는 그들 마음에는 하나님의 약속과 새로운 삶에 대한 강렬한 욕구가 일어났다. 그래서 백성들은 학사 에스라에게 하나님의 말씀을 가지고 와서 들려주기를 요청했다. 에스라가 읽은 하나님의 말씀은 곧 그들 개인의 회복과 동시에 이스라엘의 회복으로 이어졌다. 말씀을 대하는 이스라엘 백성의 반응은 오늘 우리의 자세를 돌아보게 한다. 하나님 앞에 겸손히 마음을 연 그들에게 하나님의 말씀은 강력하게 선포되었다.

말씀을 사모하다

이스라엘 백성들이 학사 에스라에게 여호와께서 이스라엘에게 명하신 모세의 율법 책을 가지고 오기를 청한다(1절). 인생의 진정한 행복이 성을 쌓는 것, 즉 하드웨어를 구축하는 것에 있지 않다는 것과 말씀이 심령 속에 세워지지 않고서 받은 복은 진정한 복이 될 수 없다는 것을 깨달은 것이다. 이제 백성은 하나님의 말씀을 간절히 사모했다. 그들이 말씀을 대하는 태도를 살펴보면, 새벽부터 오정까지 대략 6시간 정도를 율법에 귀 기울였으며(3절) 에스라가 앞에서 책을 펼 때 모든 백성이 일어섰다(5절). 경외하는 마음으로 일어서서, 그것도 6시간이나 귀를 기울여 겸손히 말씀을 들은 것이다. 6시간이면 앉거나 기대서 듣기에도 힘든 시간이었지만, 백성들은 말씀에 대한 갈증으로 불타올랐다.

오늘날 우리와 우리의 공동체 안에는 말씀을 사모하는 열정이 얼마나 뜨거운가? 아니, 하나님의 말씀을 진리로 받아들이고 경외함과 겸손함으로 그 앞에 마음을 여는 것조차 얼마나 어려운 일이 되었는가?

현대의 주류 사상인 포스트모더니즘은 하나님의 말씀을 절대적인 진리로 믿지 못하게 한다. 우리는 포스트모더니즘의 세계관으로 만들어진 영화와 음악, 문화 패턴과 생활방식을 끊임없이 접하면서 성경의 가르침이 아닌 시대의 사상을 더 익숙하게 받아들이고 있다. 포스트모더니즘은 '절대적인 것은 없다. 나에게 진리인 것만 믿을 수 있다'는 상대주의를 퍼뜨린다. 절대적인 진리란 없고 모든 진리가 상대적이라는 개념은 하나님의 말씀도 절대적인 진리일 수 없다는 생각을 낳는다. 현대인은 말씀을 강렬하게 사모하기가 머쓱해진 것이다! 상대주의는 사단의 계략이다. 에덴 동산에서 하나님의 말씀을 절대적으로 받아들이고 순종하던 아담과 하와에게 접근하여 말씀을 상대화하도록 유혹한 것도 사단이었다. 말씀을 상대적으로 받아들인다는 것은 자기중심으로 해석하여 유익이 없으면 받아들이지 않는 태도를 말한다. 즉, 말씀의 기준에 자기를 비춰보는 것이 아니라 자기가 가지고 있는 비뚤어진 가치관에 말씀을 비춰보아 맞지 않으면 받아들이지 않는 것이다.

이스라엘 백성이 말씀을 사모하게 된 것처럼 우리 자세도 바뀔 수 있다면, 당시와 마찬가지로 새로운 부흥을 경험하게 될 것이다. 의무나 책임에 의해 비자발적으로 성경을 읽는 것과 사모하고 갈급한 마음으로 말씀을 구하는 것은 분명히 다르다. 이스라엘 백성이 이렇게 변한 데는 어떤 까닭이 있었을까.

이스라엘 공동체가 성벽 재건의 필요성을 깨닫고 민족 정체성을 회복하고 안팎으로 어려움을 겪으면서도 성벽 공사에 힘써 예루살렘 성을 완성하기까지 이 모든 일의 핵심에는 느헤미야가 있었다. 느헤미야는 처음부터 하나님 앞에 견고하게 서 있었다. 이스라엘의 역사와 현재 상황을 해석하고 험난한 공사를 지휘할 때도 하나님의 분명한 기준이 적용되었다. 그 모든 과정을 이스라엘 백성은 곁에서 지켜보았다. 언약을 붙들고 견고히 위기와 절망, 포기의 순간을 헤쳐 나가는 느헤미야의 모습은 백성에게 본이 되었을 것이다. 백성들은 느헤미야를 통해 하나님의 성품과 하나님의 약속을 다시금 떠올리고 실감하게 되었을 것이다.

평양 대부흥 100주년을 기념하여 곳곳에서 부흥을 이야기한다. 인생의 부흥, 교회의 부흥, 민족의 부흥이 필요하다고, 부흥을 일으켜야 한다고, 부흥이 올 것이라고 이야기한다. 부흥이 무엇이라고 생각하는가. 그리스도인의 숫자가 늘어나고 교회 헌금이 늘어나고 개인과 나라가 성공하고 성장하는 것이라고 생각한다면 천만의 말씀이다. 부흥의 시작은 말씀에 대한 갈급함이다. 하나님의 말씀으로 채워지지 않고는 하나님 자녀답게 살아갈 수 없다는 고백이 부흥의 물꼬를 틔운다. 말씀에 귀 기울이지 않고는 우리 인생에 부흥이 일어나지 않는다. 교회의 부흥도, 민족의 부흥도 없다.

어떤 사람이 랍비에게 찾아갔다. "랍비여, 나는 토라를 세 번 훑었습니다." 그랬더니 랍비가 조용히 웃으면서 이렇게 말했다고 한다. "그렇다면 토라는 당신을 몇 번 훑었습니까?" 하나님 말씀이 나를 만지시는 것이 중요하다는 뜻이다.

사도행전에도 말씀을 대하는 태도에 대한 두 가지 사건이 나온다. 설교의 내용은 비슷한데 베드로의 설교를 들은 사람들은 자신의 죄를 생각하며 옷을 찢고 회개하며 어떻게 하여야 구원을 얻을 수 있느냐고 물었다. 반면 스데반의 설교를 듣던 사람들은 말씀에 마음이 찔리자 오히려 스데반을 정죄하며 돌로 쳐 죽였다. 같은 말씀인데 받아들이는 태도에 따라 복 있는 사람인지 아닌지가 드러난다.

우리 공동체는 말씀을 어떻게 받아들이는가? 하나님의 말씀이 절대적인 가치와 영향력이 있다고 믿고 겸손히 사모하는가? 아니면 교양이나 마음의 안정을 위해 읽어볼 필요가 있는 책 정도로 생각하는가? 아니, 나 자신의 태도는 어떠한가? 우리 공동체가 하나님 말씀의 강력함을 깨닫기 원한다면 나 자신부터 하나님의 말씀 위에 견고히 서서 삶으로 그 능력을 보여줘야 하기 때문이다.

말씀을 깨닫다

8장에는 '깨닫다' 라는 의미의 단어가 6번 정도 등장한다. 영어로는 모두 '이해하다' (understand)인데 우리말로는 다양하게 표현되어 있다.

"다 그 처소에 섰는 백성에게 율법을 깨닫게 하는데 하나님의 율법 책을 낭독하고 그 뜻을 해석하여 백성으로 그 낭독하는 것을 다 깨닫게 하매"(7-8절). '해석하다' 라고 번역된 히브리 원어는 '어떤 것을 분명하게 하다, 그것을 어떤 것과 분리시켜 의미를 드러나게 하다' 라는 뜻을 가지고 있다. 성경을 쉽게 이해하도록 풀어주었다는 것이다.

이스라엘 백성은 혈통으로는 유대인이었지만 언어나 문화적으로는 바벨론인이나 다름없었다. 살아온 환경과 익숙해진 사고방식이 하나님의 방식과는 달랐기 때문에 하나님의 말씀을 자기 식대로 받아들일 가능성이 있었다. 요즘 말로 "나름대로 은혜 받았다"는 것이다.

교회에 와서 나름대로 은혜 받고 가는 사람들이 많다. 예수님께서 물고기 두 마리와 보리떡 다섯 개로 기적을 베푸신 이후에 제자들을 계속 책망하시는 것이 무엇인가? "너희 나름대로 깨닫는 게 중요한 것이 아니라 내가 너희에게 깨닫기를 원하는 바로 그것을 깨달아라"가 아닌가. 설교를 듣고 나름대로, 곧 나 편한 대로 은혜 받는 것은 하나도 중요하지 않다. 주께서 내가 깨닫기를 원하시는 것, 돌이키길 원하시는 것이 무엇인지를 알아야 한다. 이러한 깨달음이 없다면 변화될 수 없다. 사람은 스스로 깨달아야 변한다. 깨달아도 잘 변하지 않는데 잘못 알고 있으면 그 어두움이 얼마나 더하겠는가. 그러므로 우리는 성령께서 깨닫게 해주시기를 기도한다.

이스라엘 백성이 말씀을 깨닫자, 감정의 변화가 일어났다. 하나님의 기준을 깨닫고 자신들의 삶을 돌아보자 회개의 눈물이 쏟아졌다. 나름대로 잘 살아왔다고 생각했는데 하나님의 기준에서 한참 멀어져 있었음을 깨닫고 통회하는 마음이 일어난 것이다.

나는 나 스스로 퍽 괜찮은 사람이라고 생각하는 편이다. 길거리에 침을 뱉지도 않고 교통위반도 잘 하지 않는다. 가끔은 할 때도 있지만 불가피한 상황에서, 다른 사람 다섯 번 할 때 나는 한 번 정도만 한다(물론 목사이기 때문에 더 꾹 참는 것이다). 교회를 위해서도 나의 체력과 지식과 정성을 다해 노력하고 있다. 자나 깨나 교회를 위해 기도하고 정성껏 말씀을 준비한다. 내가 생각해도 이 정도면 꽤 훌륭하다.

그러나 하나님 앞에 기도로 나갈 때면 나 같은 죄인도 없다. 나는 일을 바르게 하려고 하는데 왜 어려움이 찾아오는지 이해할 수 없을 때, 하나님께 물으며 엎드려 있으면 그동안 어려웠던 순간들이 주마등처럼 지나간다. 어느 새 내 입에서는 이런 고백이 나온다. "아버지, 맞습니다. 많이 기다려주셨습니다. 저를 많이 참아주셨습니다. 저는 죄인입니다." 감격하고 죄송해서 울게 된다. 내 기준과 판단으로는 괜찮은 존재였는데, 말씀의 기준으로 보니 형편없는 존재요 구원받을 수 없는 존재, 하나님께 은혜를 얻을 만한 자격이 없는 존재였다. "하나님, 맞습니다. 하나님 앞에 나갈 수 없는 존재에 불과한 나를 이토록 기다리고 이때껏 만들어 오셨습니다"라고 고백한다. 하나님 기준으로 나를 조명하기 시작하니 삶에 변화가 일어나지 않을 수 없다.

우리 민족이 가장 암담하고 절망적이었던 1907년, 평양 장대현 교회에서 길선주 목사가 인도하던 새벽기도회는 이 땅에 소망의 불씨를 가져온 사건이었다. 한일 병합을 앞두고 온 백성이 참담한 심정에 빠져 있을 때, 기독교인이 고작 8천 명밖에 안 되던 때에 모여서 새벽기도를 드리기 시작했다. 그 날 참석한 정익로 장로는 다음과 같이 술회했다.

그 날 밤…… 하나님이 나를 불러 놓은 것으로만 생각되었다. 전에 경험하지 못한 죄에 대한 굉장한 두려움이 나를 엄습하였다. 어떻게 하면 이 죄를 떨어버릴 수 있고 도피할 수 있을까 나는 몹시 번민하였다. 어떤 사람은 마음이 괴로워 예배당 밖으로 뛰어나갔다. 그러나 전보다 더 극심한 근심에 싸인 얼굴과 죽음에 떠는 영을 가지고 예배당으로 되돌아와서 〈오! 하나님 나는 어떻게 했으면 좋겠습니까〉라고 울부짖었다.

집회기간 동안 외국인 선교사들은 한국인을 무시하고 반목한 것을 회개했다. 부흥회 마지막 집회 상황을 기록한 것을 보면 "길선주 목사가 일어나서 자신은 형제들을 질시했을 뿐 아니라 특히 방위량

선교사를 극도로 미워했음을 회개한다고 하며 보기에도 비참할 정도로 땅바닥에 굴렀다……. 한 교인이 또 일어나 자신의 죄를 자복하기 시작하였는데 그는 음란과 증오 특히 자기 아내를 사랑하지 못한 죄뿐 아니라 일일이 다 기억할 수 없는 죄를 자복하였다. 온 회중도 따라 울었다. 우리는 그 순간 살아 계신 하나님 앞에 있음을 분명히 느꼈다"고 한다.

이 부흥회는 대규모 전도 운동인 '백만 명 구령 운동'으로 이어졌고, 술 먹고 노름만 하던 한국인의 삶에 도덕적으로도 엄청난 영향을 가져왔다. 민족의 미래를 바라보며 절망하던 사람들 마음에 복음이 새로운 희망을 심어준 것이다.

교회마다 특별새벽기도를 열고 있다. 사회가 산업화하면서 우리는 새벽 시간을 잃어버렸다. 산업사회는 밤 문화 중심이다. 밤 문화는 퇴락의 문화, 퇴폐의 문화, 피곤과 지침의 문화, 죄악의 문화이다. 우리 민족이 새롭게 일어나 결단한 시간이 새벽이었음을 기억한다면, 주님께 나아가는 시간, 주께서 말씀하시는 시간, 민족을 가슴에 품고 기도하는 새벽 시간을 회복하고자 하는 소망이 생긴다. 다음 세대와 나라의 미래를 위하여 새벽에 기도했던 선조들의 아름다운 유산을 우리가 계승하여 후손들에게 물려주고 싶다.

말씀에 반응하다

말씀을 깨닫고 울면서 회개하는 이스라엘 백성에게 지도자들은 "오늘은 너희 하나님 여호와의 성일(聖日)이니 슬퍼하지 말며 울지 말라"고 말한다(9절). 총독 느헤미야는 또 "너희는 가서 살진 것을 먹고 단 것을 마시되 예비치 못한 자에게는 너희가 나누어주라. 이 날은 주의 성일이니 근심하지 말라. 여호와를 기뻐하는 것이 너희의 힘이니라"고 말한다(10절). 백성들은 주님의 말씀과 율법을 깨닫고 반응하여 순종으로 받아들였다. "모든 백성이 곧 가서 먹고 마시며 나누어주고 크게 즐거워하였으니 이는 그 읽어 들린 말을 밝히 앎이니라"(12절). 느헤미야의 말대로 여호와를 기뻐하는 것이 그들에게 힘이 됨을 믿고 울음을 그친 것이다. 그들 삶의 목표가 하나님을 즐거워하고 기쁘시게 하는 것임을 알게 되었고, 더 나아가 하나님이 자신들의 방패가 되시고 보호자가 되신다는 것을 받아들였다. 그래서 죄 가운데 머물러 괴로워하지 않고 하나님 앞에 나갔다. 하나님 말씀을 듣고 깨달은 사람은 하나님을 기뻐하고 그 기쁨을 즐거이 이웃과 나누게 된다. 그들은 말로만 즐거워하고 기쁨을 나눈 것이 아니라 자신의 것을 나누어 이웃과 더불어 먹고 마시며 즐거워했다.

우리는 흔히 복음을 나누어야 한다고 말하지만 복음을 말로만 이웃에게 전할 뿐 내 물질과 내 정성과 내 사랑을 들여서는 전하지 않는다. 오히려 평상시에 서로 비방하고 원망하고 낙심하는 모습을 전하지는 않는가? 하나님의 생명의 말씀을 깨달으면 우리에게 먼저 회개와 감사와 기쁨이 넘치고 내 삶에 진정한 변화가 일어난다. 그럴 때 이웃에게도 나의 변화된 행동이 기쁨과 즐거움을 나누게 되는 것이다. 이웃에게 하나님의 사랑을 전하고 싶다면, 먼저 나의 것을 나누어야 한다. 내가 누리고 있는 즐거움과 기쁨, 나의 시간과 물질을 이웃에게 나누어주어야 한다.

또한 이스라엘 백성은 율법을 듣고 순종하여 자발적으로 초막절을 지켰다(13-18절). 자기가 중심이 되어 자기 유익과 주장만을 일삼던 삶에서 떠나 율법에 명하신 것을 따르는 삶을 살기로 선택한 것이다. 율법은 출애굽한 이스라엘이 광야에서 거했던 시간을 기억하며 7월에 초막절을 지키라고 명한다. 백성들은 말씀을 듣고 곧 나가서 나뭇가지를 모아 곳곳에 초막을 지었다. 이때의 장관을 16-18절에 이렇게 표현하고 있다. "백성이 이에 나가서 나뭇가지를 취하여 혹은 지붕 위에, 혹은 뜰 안에, 혹은 하나님의 전 뜰에, 혹은 수문 광장에, 혹은 에브라임 문 광장에 초막을 짓되, 사로잡혔다가 돌아온 회 무리가 다 초막을 짓고 그 안에 거하니 눈의 아들 여호수아 때로부터 그 날까지 이스라엘 자손이 이같이 행함이 없었으므로 이에 크게 즐거워하며 에스라는 첫날부터 끝날까지 날마다 하나님의 율법책을 낭독하고 무리가 칠 일 동안 절기를 지키고 제팔일에 규례를 따라 성회를 열었느니라." 이스라엘 백성은 광야에서 자신들을 인도하셨던 하나님의 사랑을 다시금 회복한다. 정말 가난하고 어려웠을 때를 기억하면서 나그네와 힘든 이들을 돌아보는 신앙 회복의 자리로 나아가는 변화가 일어나기 시작했다. 이스라엘의 절기는 백성들이 잃어버렸던 신앙을 회복하는 때이다.

오늘날 우리에게도 말씀 앞에 반응하고 순종하는 결단이 있었으면 좋겠다. 이스라엘은 잊혀왔던 역사 속 절기를 다시 지킴으로써 자신들의 정체성을 회복하고 하나님의 말씀에 귀 기울일 수 있었다. 우리 역시 하나님의 자녀로서의 정체성을 회복하고 하나님의 말씀을 사모하는 열심을 되찾고자 한다면, 역사 속에서 우리를 인도해 오신 하나님의 손길을 발견해야 한다. 어려움과 혼란도 있었겠지만 지금의 모습으로 설 수 있는 것은 하나님 앞에서 받은 사명과 우리를 향한 하나님의 사랑 때문이다. 역사를 통해 우리의 실패와 잘못을 배우고, 그럼에도 불구하고 우리를 포기하지 않으시는 하나님을 발견한다면, 이스라엘이 회복한 초막절과 같은 기쁨의 축제가 우리 가운데서도 일어날 수 있다.

우리나라의 역사는 숱한 실패와 잘못으로 얼룩져 있지만, 그리고 지금도 여러 가지 위기와 문제에 직면해 있지만, 기억해야 할 것은 대한민국이 기도로 시작한 나라라는 사실이다. 1948년 5월 31일 제헌국회 제1차 회의는 당시 임시 의장이었던 이승만 박사의 다음과 같은 개회사로 시작되었다.

대한민국 독립민주국 제1차 회의를 여기서 열게 된 것을 우리가 하나님께 감사해야 할 것이다. 종교 사상 무엇을 가지고 있던지 누구나 오늘을 당해 가지고 사람의 힘만으로 된 것이라고 우리는 자랑할 수 없을 것이다. 그러므로 하나님에게 기도드리지 않을 수 없다. 나는 먼저 우리가 다 성심으로 일어서서 하나님에게 감사를 드릴 터인데 이윤영 의원 나오셔서 간단한 말씀으로 기도를 올려주시기를 바란다.

이윤영 의원이 나올 때 일동 기립했다. 다음의 기도문은 제헌국회 속기록에 기록된 것이다.

이 우주와 만물을 창조하시고 인간의 역사를 섭리하시는 하나님이시여 / 이 민족을 돌아보시고 이 땅에 축복하셔서 감사에 넘치는 오늘이 있게 하심을 주님께 저희들은 성심으로 감사하나이다. / 오랜 시일 동안 이 민족의 고통과 호소를 들으시사 정의의 칼을 빼서 일제의 폭력을 굽히시사 하나님은 이제 세계만방의 양심을 움직이시고 / 또한 우리 민족의 염원을 들으심으로 이 기쁜 역사적 환희의 날을 이 시간에 우리에게 오게 하심은 하나님의 섭리가 세계만방에 현시하신 것으로 믿나이다. / 하나님이시여, 이로부터 남북이 둘로 갈리어진 이 민족의 어려운 고통과 수치를 신원하여주시고 우리 민족 우리 동포가 손을 같이 잡고 웃으며 노래 부르는 날이 우리 앞에 속히 오기를 기도하나이다. / 하나님이시여, 원치 아니한 민생의 도탄은 길면 길수록 이 땅에 악마의 권세가 확대되나 하나님의 거룩하신 영광은 이 땅에 오지 않을 수 없을 줄 저희들은 생각하나이다. / 원컨대, 우리 조선독립과 함께 남북통일을 주시옵고 또한 민생의 복락과 아울러 세계평화를 허락하여 주시옵소서. / 거룩하신 하나님의 뜻에 의지하여 저희들은 성스럽게 택함을 입어 가지고 글자 그대로 민족의 대표가 되있습니다. / 그러하오나 우리들의 책임이 중차대한 것을 저희들은 느끼고 우리 자신이 진실로 무력한 것을 생각할 때 지와 인과 용과 모든 덕의 근원 되시는 하나님께 이러한 요소를 저희들이 간구하나이다. / 이제 이로부터 국회가 성립되어서 우리 민족의 염원이 되는 모든 세계만방이 주시하고 기다리는 우리의 모든 문제가 원만히 해결되며 또한 이로부터서 우리의 완전 자주독립이 이 땅에 오며 자손만대에 빛나고 푸르른 역사를 저희들이 정하는 이 사업을 완수하게 하여 주시옵소서. / 하나님이 이 회의를 사회하시는 의장으로부터 모든 우리 의원 일동에게 건강을 주시옵고, 또한 여기서 양심의 정의와 위신을 가지고 이 업무를 완수하게 도와주시옵기를 기도하나이다. / 역사의 첫걸음을 걷는 오늘의 우리의 환희와 우리의 감격에 넘치는 이 민족적 기쁨을 다 하나님에게 영광과 감사를 올리나이다. / 이 모든 말씀을 주 예수 그리스도 이름 받들어 기도하나이다. 아멘.

기도로 시작한 이 나라는 또한 역사의 마디마디마다 하나님의 사람들이 말씀에 반응하고 순종하여 일구어온 흔적이 배어 있는 나라다. 이제 다시 한 번 우리 역사에 하나님의 섭리가 기록되어야 할 때다. 하나님의 손에 붙들린 하나님의 자녀들이 이 나라와 다음 세대를 위해 말씀에 순종할 때다. 우리가 소망을 잃지 않고 하나님의 꿈을 품으며 나아갈 때, 하나님이 우리 가운데 말씀을 사모하는 마음을 부어주시고 말씀을 듣고 깨닫게 하여주실 것이다. 깨달은 말씀에 순종으로 반응하며 하나님을 즐거워하는 삶을 이웃과 나누는 우리를 통해, 우리가 속한 그 공동체가 하나님을 즐거워하는 힘으로 견고해질 것이다.

12장
견고한 언약

느헤미야 9-10장

　인생을 살아가는 방법에는 대략 세 가지가 있다. 첫째는 주어진 상황대로 살아가는 것이다. 농촌에서 태어나 자라며 농촌에 적응하다 보니 농부가 되었다는 식이다. 살다 보니 결혼을 하여 가정을 이루게 되었고, 태어난 자녀를 양육하고 교육시키고 그렇게 살다 보니 어느새 머리가 희끗희끗, 몸에는 질병이 찾아와 생을 마감하게 되었다는 식이다. 왜 사는지, 무엇을 위해 사는지 돌아볼 겨를도 없이 눈앞에 떨어진 일만 처리하며 살아가는 고달픈 인생이다.

　둘째 방법은 자기 목표를 세우고 목표를 이루기 위해 살아가는 것이다. 목표를 이루는 것이 제1순위이기 때문에 목표를 위해서 가정을 버리기도 하고 다른 것을 희생시키는 경우도 생긴다. 그러다 보니 목표하는 바는 이루었는데 그보다 많은 것을 잃어버렸음을 깨닫고 허탈감 속에 정신을 차리게 되는데, 그중 꽤 많은 사람이 진정 가치 있는 것은 따로 있었음을 인정하고 새 출발을 위해 분주하다.

　위의 두 방법과는 다르게 살아가는 사람들이 있다. 썩 위대한 사람이나 잘 알려진 사람, 사람들에게 칭송받는 사람은 아니지만, 이들은 자기 삶의 이유를 알고 살아간다. 화려하지는 않지만 삶의 가치와 의미를 알고 살아가기에 주변 사람들에게 잔잔한 감동을 준다.

소크라테스는 인생을 검토 없이 무턱대고 살아가는 것은 아무런 가치가 없다고 했다. 유능한 선장이라면 배의 속도보다는 진행 방향에 신경 쓰듯이, 우리는 무엇을 위해 어디로 가고 있는지를 종종 돌아보아야 한다.

지난해 우리 교회에서 52일 동안 오백여 성도가 새벽제단을 쌓으며 우리 인생을 향한 하나님의 목적이 무엇인지 배웠다. 우리가 우연히 이 땅에 던져진 존재가 아니라는 사실을 깨닫고, 환경에 따라 되는 대로 살아서는 안 되겠다고 다짐했다. 추구하던 목표를 성취하고도 공허감에 시달리며 인생에 의문점을 갖고 있던 사람들도 함께 기도하며 답을 찾았다. 그 52일은 우리를 만드시고 이 땅에 보내신 하나님께 우리가 어떻게 살아야 하는지를 질문하며 기도하는 시간이었다.

느헤미야가 예루살렘 성벽을 쌓는 데 52일이 걸렸다. 우리 교회에서도 성도들이 52일간 새벽마다 외부와 내부의 적과 싸우며 거침돌을 디딤돌 삼아 기도와 말씀으로 영적 예루살렘 성벽을 다시 쌓아 올렸다. 힘든 시간이었지만 그 52일을 통해 느헤미야와 이스라엘 백성이 겪었던 어려움을 조금이나마 함께 경험할 수 있었다.

이스라엘 백성은 숙원 사업이던 예루살렘 재건을 완성했다. 거센 반대와 비판 속에 고된 작업을 끝마쳤으니 잔치를 벌일 만도 한데 그들은 곧바로 또 다른 일에 착수한다. 성을 건축한 데서 멈추지 않고 성 건축을 통해 공동체의 흐름을 바꾸고 역사의 흐름을 바꾸는 일을 시작한다. 우리 또한 52일간 받은 놀라운 체험과 통찰에 감사하고 기뻐할 뿐만 아니라 또 다른 시작을 준비한다.

　개인적으로, 공동체적으로 지금까지 많은 일을 성취했지만, 일의 성취가 진정한 의미에서 축복으로 남는 경우는 흔치 않다. 축복이 우리 가운데 계속 축복이 되게 하고, 외형적인 축복이 내면적으로도 진정한 생명력을 갖고 공동체에 아름다운 영향력을 끼치게 하려면 지금 해야 할 일이 있다.

과거를 정리하여 회개하라

이스라엘 백성은 먼저 자신들의 과거 역사를 더듬어 보며 회개하기 시작했다. "그 달 이십사 일에 이스라엘 자손이 다 모여 금식하며 굵은 베를 입고 티끌을 무릅쓰며 모든 이방 사람과 절교하고 서서 자기의 죄와 열조의 허물을 자복하고"(1, 2절). 백성들이 다 모여서 금식하며 회개하는데, 낮 사분의 일은 말씀을 듣고 또 사분의 일은 죄를 자복하며 하나님께 경배했다. 말씀에 비추어 죄를 찾아내고 회개하며 하나님을 예배한 것이다.

　회개란 자신과 공동체가 범한 죄가 무엇이며 언제부터 어떻게 잘못되었나를 샅샅이 찾아보고, 그 죄를 인정하고 슬퍼하며 다시는 반복하지 않기 위해 돌아보는 과정이다. 허물을 조상이나 이웃이나 다른 사람의 탓으로 돌리지 않고 자기 책임으로 인정하고 다시는 역사 속에서 반복되지 않도록 반성하는 것이다.

이스라엘 백성의 회개는 두 가지 기준에서 합당했다. 세상에 흔한 대부분의 회개는 내 행위가 양심에 거리끼거나 주변 사람들에게 비난의 대상이 될 때 어쩔 수 없이 나오는 것이다. 그러나 이스라엘 백성은 하나님께서 하신 말씀과 율법을 듣고 그에 따라 회개했다. 그들이 회개의 찬양으로 올려드린 내용을 보면 그들은 "저희와 우리 열조가 교만히 하고 목을 굳게 하여 주의 명령을 듣지 아니하였음"(16절)을 분명히 인식하고 있었다.

또한 이스라엘 백성의 회개는 아주 차원 높은 회개였다. 죄를 범하여 하나님에게서 멀어졌을 때 하나님께로 돌아갈 기회를 수없이 주셨는데도 그 기회를 짓밟아버리고 무시했던 자신들의 무지한 행동까지도 회개하고 있다. "다시 주의 율법을 복종하게 하시려고 경계하셨으나 저희가 교만히 행하여 사람이 준행하면 그 가운데서 삶을 얻는 주의 계명을 듣지 아니하며 주의 규례를 범하여 고집하는 어깨를 내어밀며 목을 굳게 하여 듣지 아니하였나이다"(29절). 자기 열조의 죄와 허물과 교만한 태도를 감추지 않고 정직하게 기록했다. 하나님의 자비로운 긍휼에도 불구하고 하나님을 멀리한 자신들의 완악함을 뚜렷하게 대비함으로써 자신들이 얼마나 죄인인가를 고백하고 있다.

회개는 결코 쉽지 않다. 말씀의 기준에 따라 자기를 냉정하게 돌아본다는 것, 하나님의 끊임없는 권고를 고집스럽게 거절한 시절까지 회개한다는 것은 참으로 힘들고 어려운 일이다.

오늘날 교회와 사회가 이렇게 타락한 이유는 진정한 회개가 사라졌기 때문이다. 학자들은 기독교가 타락하고 병들게 된 시점이 서기 313년 콘스탄틴 대제가 기독교를 공인하면서부터라고 말한다. 박해 가운데서 진정한 회개와 진실한 믿음이 요구되었을 때는 진리가 살아서 생명력을 발휘했으나 기독교가 공인된 국교로 제도화하면서 타락했다는 것이다.

또 어떤 학자들은 교회 타락의 원인을 다른 곳에서 찾는다. 초대교회 때는 교인들이 죄를 범하면 공동체 앞에 나와 자기 죄를 자복했는데, 공동체는 그 사람의 죄 사함을 위해 함께 기도해 주었고, 죄를 반복하지 않도록 몇 주간 성찬을 받지 못하게 하거나 몇 주 동안 서서 예배를 드리게 하는 등 적합한 징계를 했다. 죄를 다시 범하지 않도록 공동체가 나서서 감시해 주고 도와주었을 뿐만 아니라 함께 책임져주었다. 사람의 부패한 속성 때문에 혼자 있을 때는 죄를 짓지만 누군가 지켜볼 때는 죄를 짓지 않으려고 한다. 하나님을 두려워한다고 하지만 인간은 하나님보다 사람의 눈을 훨씬 더 의식하기 때문이다. 이렇게 인간의 속성을 고려하여 공동체는 교회를 건강하게 세워갈 수 있었는데, 콘스탄틴 대제가 공동체 앞에서 죄를 고백하던 이 행위를 신부에게만 하도록 바꾸면서 교회가 타락하기 시작했다는 것이다.

옳은 지적이다. 회개할 수 없고 회개를 받아줄 수 없고 함께 책임져주지 않는 공동체는 곧 병든다. 교회 부흥의 역사를 보아도, 부흥은 언제나 공동체가 죄를 회개하는 것과 동시에 일어났다.

회개는 어디서 시작되는가? 하나님의 말씀이 기준이 되어 백성들 마음속에 들어갈 때부터다. 남이 내 잘못을 지적할 때 그 지적을 달갑게 받아들일 사람은 없다. 자기가 모든 것의 기준이기 때문이다. 말씀이 아닌 자기 쾌락과 지식, 경험이 모든 것의 기준이 되어 있으니 회개가 일어날 수 없다. 그러나 하나님 말씀이 마음에 들어오면 내 눈에 내 죄가 보인다. 하나님 말씀이 인생의 기준이 될 때 내 죄가 나를 고발한다.

진정한 회복은 하나님께서 주신 말씀의 기준을 따라 우리가 어디서부터 잘못되었는지, 변질되기 시작했는지, 무너지기 시작했는지 하나하나 더듬어보며 회개하는 것으로 시작한다. 회개를 통과하지 않고는 새로운 역사가 만들어질 수 없다. 회개라는 문으로 들어가기를 즐거워하는 사람은 없다. 그러나 회개의 문을 통과하지 않고는 새로운 가정, 새로운 문화, 새로운 인생도 없다.

이스라엘 백성은 하나님 말씀에 근거해서 스스로를 다듬었기에 새로운 역사를 쓸 수 있었다. 우리도 각자 살아온 삶의 역사를 하나님의 말씀으로 조명하며, 기회를 붙잡아야 한다. 우리 자신의 기준으로 보면 회개란 있을 수 없다. 자신을 변호하고 합리화시키기 위해 되돌아보지 말고, 우리 가정과 교회와 민족의 역사를 말씀의 기준으로 점검해 보라. 그리고 회개의 자리에 서라.

깨달음을 기록하여 남기라

5절 이후로 9장의 말씀 대부분이 이스라엘 역사를 되돌아보고 정리하는 내용이다. 백성들은 스스로 역사를 반추하며 하나님의 선하심과 자신들의 패역함을 거듭 시인한다. 그리고 자신들이 깨닫고 회개하게 된 이 역사를 문서로 작성했다. 문서로 작성하여 늘 반복해서 읽고 기억하며, 후대에게도 알려주어 하나님을 떠나지 않겠다는 의지를 담았다. 마지막 38절, "우리가 이 모든 일을 인하여 이제 견고한 언약을 세워 기록하고 우리의 방백들과 레위 사람들과 제사장들이 다 인을 치나이다 하였느니라."

많은 사람이 새 출발을 결심하지만 성공하는 사람은 많지 않다. 이스라엘 민족도 숱한 약속과 언약의 역사를 지녔지만 그 약속들이 현실 앞에서 얼마나 쉽고 무력한지를 잘 알고 있었다. 매번 약속을 깨뜨린 쪽은 하나님이 아니라 이스라엘이었다. 그러나 이제는 더 이상 물러설 곳이 없었고, 물러설 때도 아니었다. 나라를 잃어버리고 뿔뿔이 흩어졌던 남은 백성들을 다시 불러 모아 예루살렘에 세우셨고 새로운 희망을 보게 하셨다. 다시는 기회가 없을 거라고 절망했는데 마지막 기회를 주셔서 예루살렘 성전과 성벽을 다시 세워주셨다. 이번 기회를 놓친다면 이제는 영영 기회를 얻기 어려울 것이라고 판단한 백성들은 하나님 앞에서 결단한 마음을 문서로 남기기로 했다. 이 약속은 당대 백성들만의 것이 아니라 이스라엘 온 민족과 다음 세대에게도 계속 전하고 지켜져야 한다는 데 모두 공감했다.

느헤미야 10장에 이 문서에 서명한 사람들의 이름이 등장한다. 1절에는 총독인 느헤미야와 당시 부총독이었던 시드기야가 나오고, 2-8절에는 21명의 제사장 명단이, 9-13절에는 17명의 레위인이, 14-

27절에는 가계를 따라 백성의 지도자 44명의 이름이 기록되어 있다. 문서를 작성하고 민족의 지도자들이 문서의 확실성을 보증하는 인(印)을 치자 이스라엘 온 백성이 함께 맹세를 한다. 29절에 기록된 그들의 맹세는 하나님의 율법, 즉 계명과 규례와 율례를 지키겠다는 결단을 담고 있다. 율법에는 우리를 향한 하나님의 기대가 담겨 있다. 우리와 우리 후손을 향한 하나님의 소원이 담겨 있다. 백성들은 율법에 따라 자기 삶을 하나님께 드리기로 결단했다.

　이스라엘의 결단에는 두 가지 구체적인 순종이 포함되어 있다. 한 가지는 그 동안 하나님의 말씀을 잃어버리고 세상의 영향을 받았으나 이제부터 하나님의 말씀에 어긋나는 세상의 영향은 철저히 차단하겠다는 것이다. 이방인과의 통혼을 하지 않기로 결단하고 안식일과 성일, 안식년을 철저히 지키겠다고 맹세한다(30-31절). 올바르지 않은 가치관이 공동체 안에 들어오지 못하도록 통로를 다 끊는 것이다. 분명한 가치관으로 공동체를 지키겠다는 결단이다.

　또 다른 한 가지는 하나님의 전을 중요하게 여기고 돌보겠다는 헌신이다. 율법을 들으면서 그 동안 성전을 재건해 놓고도 아무도 돌보지 않아 성전이 황폐했음을 깨달았기 때문이다. 하나님의 율법에는, 그리고 본래 이스라엘 백성의 삶에는 시간과 물질을 사용하는 분명한 기준으로 성전이 있었다. 아침 점심 저녁으로 예배를 드리고 안식일을 지키고, 소득에 따라 십일조를 드렸다. 그러나 오랜 포로생활로 말씀의 기준도 잃어버리고 하나님의 백성 된 삶의 기준도 다 잃어버린 채 자기들의 편리와 유익을 따라 살기 시작하면서 성전

중심, 하나님 중심의 생활이 무너지고 잊혀진 것이었다.

율법을 듣고 마음이 새로워진 백성들은 하나님의 전을 돌보기 위한 규례를 자발적으로 정한다. 성전에 필요한 재정을 충당하기 위해 성전세를 정하고 성전에서 일할 제사장과 레위인과 백성들의 차례를 정했다. 첫 열매와 십일조를 드리는 율법을 지키기로 결단하고 그것을 관리하는 규칙도 새롭게 세웠다. 감동과 회개와 마음을 새롭게 하는 것으로 끝나지 않고 구체적인 실천을 위해 자발적으로 규칙을 정하는 모습은 이 언약을 충실히 이어가고자 하는 그들의 절박함이 어떠한지를 보여준다.

이스라엘의 결단에서 우리도 배울 수 있다. 예를 들어 가정의 회복을 이루고자 한다면, 바로 오늘 온 식구가 함께 모여 기도하고 이제 하나님께서 우리 가정에 주신 원칙, 우리 삶을 아름답게 살기 위해 어떻게 살아가야 할 것인지 가르쳐주신 다섯 가지 원칙을 온 가족의 동의하에 세우는 것이다. 그리고 가족 모두 서명을 한다. 자녀가 결혼하여 가정을 떠나게 되어도 동일한 원칙을 계속 지켜나가도록 하여 아름다운 신앙의 유산을 물려준다면, 혈육으로만 아니라 영으로도 연결된 하나님의 가정이 점점 확장될 것이다. 영적 예루살렘 성 안에서 하나님의 자녀들이 자라나게 될 것이다.

하나님 앞에서 새로워지기를 간절히 소망하지만 매번 실패하고 무너지고 먼저 약속을 깨뜨리는 우리의 연약함을 알기에 과감히 결단하지 못하고 있다면, 벼랑 끝에 선 심정으로 스스로 언약을 세운 이스라엘의 절박함에서 배워야 한다. 실패와 좌절의 지루한 역사를 돌아보고 그 속에서 하나님의 자녀와 백성, 하나님이 세우신 공동체를 이끌어 오신 하나님의 비전을 발견하라. 그리고 깊이 회개하고 견고한 언약을 세우라.

13장
복 받을 사람들

느헤미야 11장

미국 알링턴국립묘지는 독립전쟁 이후 미국의 역사를 지켜낸 사람들의 무덤이 있는 곳으로, 관광코스로도 유명하지만 미국의 장래를 생각하는 사람들이 굉장히 중요하게 생각하는 장소이기도 하다. 이곳에 가면 미국을 지키고 빛낸 유명한 사람들의 묘를 돌아본 후에 마지막으로 무명용사의 묘를 둘러보게 되어 있다. 무명용사의 묘를 마지막 코스로 정한 의도가 무엇일까. 내 생각으로는, 한 공동체가 유지되기 위해 드러나지 않게 희생한 이름 모를 용사들의 역할이 얼마나 귀하고 소중한가를 상징적으로 보여주려는 것이다.

러시아에는 도시마다 무명용사의 묘가 있고 그 앞에 꺼지지 않는 불이 타오르고 있어서, 러시아의 신혼부부들은 이곳을 반드시 참배하면서 기념촬영을 한다고 한다. 공동체를 위해 이름도 빛도 없이 조용히 스러져간 사람들의 희생을 소중히 여기는 공동체는 결코 망하지 않는다. 역사는 이 사실을 보여주고 있다.

11장과 12장 앞부분에는 또 한 번 사람들의 이름이 길게 나열된다. 재건된 예루살렘 성에서 새로운 역사의 흐름을 만들어내는 데 참여한 사람들의 이름과 역할을 세세히 기록한 것이다. 위대한 일을 이루고 사람들의 주목을 받는 사람일수록 다른 사람의 공로는 잘 드러내지 않으려 하지만 느헤미야는 자칫 잊히기 쉬운 무명용사들의 공헌을 기억하여 하나하나 그 이름을 기록하고 기념한다. 이는 단순히 느헤미야 개인의 의도라기보다, 인간의 역사에서 잊혀간 수많은 사람들을 결코 잊지 않으시고 그들의 헌신을 분명히 포착하시는 공평하고 실수 없으신 하나님의 의도라고 보아야 한다.

오늘날은 모든 것이 숨 가쁘게 돌아가는 세상이지만 우리 사회와 한국의 주변 상황은 우리가 마음을 기울이기에는 너무 벅차게 느껴진다. 우리는 자주국방, 자주독립을 말하지만, 솔직하게 고백하자면 우리에게는 그럴 만한 힘이 없다. 이 땅은 강대국들 사이에서 수없이 줄타기를 해야 했던 열강의 각축장이었으며 오늘날도 강대국과 대등한 위치에서 대화를 한다는 것은 아직 완전한 현실이 아니다. 남북의 대치와 강대국의 압력 사이에서 우리 역사를 주체적으로 써갈 수 없는 비극적인 현실을 어떻게 풀 수 있을까. 그리고 우리는 무엇을 해야 할까.

만약 하나님께서 한국의 통일과 부흥의 역사를 기록하신다면 한국 교회와 이 땅의 그리스도인들에 대해서는 어떤 기록이 남을까. 우리는 중요한 시점에 서 있는 것이다.

자원하는 헌신

느헤미야가 처음 예루살렘에 도착하여 성벽을 따라 둘러보았을 때 예루살렘은 폐허였다. 과거 예루살렘 성은 참으로 화려했던 도시로, 다윗을 거쳐 솔로몬에 이르러서는 세계에 전무후무한 문화와 문명을 자랑했고 뛰어난 건축술과 예술성을 자랑했다. 이 세상의 어떤 화려함도 솔로몬이 누렸던 영화와 비교할 수 없었다고 할 정도다. 모든 사람이 예루살렘에 거하기를 원했다. 하나님이 계신 곳, 하나님이 사랑하시는 왕이 있는 곳, 예루살렘의 영광과 영화는 그러나 바벨론의 침략으로 무너졌다. 70년간의 포로생활과 이후 느헤미야가 돌아와 성을 재건할 때까지의 70년간, 도합 140년간이나 폐허인 채로 버려져 있었다. 70년의 포로기 이후 예루살렘에 돌아온 1차 귀환자들이 성전과 예루살렘 성을 재건하려 했으나 적들의 방해로 공사가 중단되고 오히려 훼손이 심해졌다. 사람들은 흩어졌고 텅 빈 예루살렘에는 풀과 무너진 벽돌, 옛날의 화려했던 잔해만 나뒹굴었다.

성에 머물기를 원한 사람도 있었지만 치워야 할 엄청난 쓰레기와 역사의 상처를 건드리는 잔해들 때문에 어쩔 수 없이 성 외곽에 자리를 잡았다. 성 안에 들어가 살 수는 없었지만 하나님의 약속이 있는 예루살렘을 포기할 수는 없었다. 하나님께서 축복하기로 하셨고, 이스라엘 백성을 제사장의 나라요 왕 같은 족속으로 삼겠다 하셨으며, 메시야를 보내어 전 세계를 통치하겠다고 약속하신 곳이기에 포기할 수 없었다.

느헤미야가 도착한 후 온 백성이 함께 성벽을 쌓았지만 성벽 안은 성읍이라고 하기엔 너무 초라했다. 성벽을 완성한 후 7장 4절에서 "그 성은 광대하고 거민은 희소하여 가옥을 오히려 건축하지 못하였음이니라"고 한 것을 기억해 보라. 문제는 성을 건축했어도 성에 거할 사람들이 없다는 것이었다. 예루살렘 성에 거한다는 것은, 적들이 쳐들어올 때 제일 먼저 공격의 대상이 될 뿐 아니라 폐허에 가까운 황무지를 개척하는 일에 헌신해야 함을 의미했기 때문이다.

이스라엘 백성은 예루살렘에 거할 사람들을 정했다. 백성의 두 목들, 즉 지도자들이 거하기로 했다. 이들에게는 성에 거하는 조건으로 상여금이 주어졌기 때문에 의무적으로 거하면서 성을 지켰다. 그리고 백성들 중에서 제비를 뽑아 10분의 1을 성 안으로 이주시켰다. 아마 이들을 보고 재수가 없어서 걸렸다고, 안됐다고 이야기하는 사람도 있었을 것이다. 그러나 우리가 주목하고 싶은 것은 이들이 아니다. 나머지 10분의 9, 운 좋게도 제비에 걸리지 않은 사람들 중에 일어난 놀라운 변화다. 이들에게 자원하는 마음이 생긴 것이다. 내적으로 새로운 충동과 변화가 일어난 사람, 성령의 감동을 받은 사람이 생겼다.

이미 정착한 터전에서 아쉬울 것 없이 편안하게 살고 있고 제비에도 뽑히지 않아서 예루살렘 성이 동포들에 의해 가꾸어져 가는 것을 지켜보면 되는 사람들에게 이런 마음이 생겼다. '저 성이 어떤 성인가. 하나님의 약속이 있는 거룩한 땅이 아닌가. 고향 땅에서 편안하게 사는 것보다 힘들고 수고스럽다 해도 장차 후손들에게 물려줄 영적 유산을 개척하는 일에 동참하는 것이 더 낫지 않겠는가. 하나님의 언약을 우리의 비전과 꿈으로 만들어야 하지 않겠는가. 우리끼리 잘 사는 것보다 저곳에 들어가 약속하신 믿음의 유업을 세워 가는 일이 더 소중하지 않겠는가.' 이런 뜨거운 마음을 갖게 된 사람들이 안락한 삶을 포기하고 예루살렘 성 안으로 이주하기 시작했다고 성경은 말한다.

느헤미야는 이렇게 하나님의 일에 자원하는 자들, 안락함과 기득권을 포기하고 무너진 조국을 위하여 자기 삶을 던지는 이들이야말로 진정 복 있는 사람이라고 말한다. 이들이 있었기에 예루살렘 성이 이스라엘의 수도로 회복될 수 있었고, 후손들에게 신앙의 아름다운 유산을 물려줄 수 있었으며, 이스라엘의 역사가 새롭게 기록될 수 있었다고 증거한다.

출애굽기 35장에도 무명용사들이 나온다. 광야에서 성막을 지을 때 달란트대로 자원하여 드린 무명의 사람들이 있었다. 하나님의 임재를 상징하는 성막을 만들기 위해 각각 마음에 자원하는 대로 금은보석과 예물과 자기의 재주를 드린 사람들이었다. 이스라엘 백성은 성막을 바라볼 때마다 하나님의 임재를 체험하고, 성막에 나와 죄를 회개했다. 백성들이 성막을 통해 힘을 공급받고 결국 가나안 땅에 이를 수 있었던 데에는 무명용사들의 숨은 헌신이 있었다.

수동적인 사람 수천수만 명이 고작 자원하는 몇 사람에 의해 움직여서 큰일을 이루어낸 역사가 종종 있다. 교회에서도 자발적으로 성실하게 움직이는 몇몇 사람이 중요한 역할을 한다. 앞에 나서서 눈에 띄게 일을 만드는 몇몇 사람이 아니라 하나님 앞에서 겸손히 자기 자신을 드리는 몇몇 사람이다. 교회를 움직이는 무명용사는 하나님의 눈에 드러나 보이고 사람들 눈에는 잘 띄지 않는다.

새벽예배를 통해 만나는 이들은 언제나 마음에 감동을 준다. 교회에 처음 나오기 시작해 아직 신앙이 무엇인지도 잘 모르는 성도나, 혈기왕성하지만 아침잠 많은 청년들이 새벽에 나와 하나님 앞에 엎드려 기도하는 모습을 보면 언제나 감사하게 된다. 이들의 간절한 기도제목은 무엇일까? 아마도 개인적인 어려움뿐 아니라 교회와 나라를 위해 기도해야겠기에, 하나님 나라를 위하여 허락받은 자기 삶을 함부로 쓸 수 없어 자원하는 마음으로 새벽에 나와 그렇게 눈물로 기도했을 것이다. 그들의 눈물과 기도를 통해 하나님은 당신의 역사를 만들어 가실 것이다. 나는 확신한다. "내 일이 아닙니다, 하나님의 일입니다. 교회 일이 아닙니다, 내 일입니다. 국가의 일이 아닙니다, 바로 내 일입니다, 하나님이 허락하신 내 사명입니다"라고 받아들이며 삶의 현장에서 최선을 다하는 자원하는 사람들을 통해, 가장 깊은 절망에서라도 하나님은 역사를 만드실 것이다.

유명한 서부 영화 중에 게리 쿠퍼가 주연을 맡은 〈하이눈〉(High Noon)이라는 영화가 있다. 주인공인 보안관은 마을의 법질서를 사수하려고 한다. 악당들과의 대결을 앞두고 보안관은 마을 사람들에게 도움을 청한다. "총 잘 쏘는 사람을 구하지 않습니다. 내가 필요한 사람은 '이 일이 나의 일이다'라고 생각하는 사람입니다."

오늘 우리에게 주어진 믿음의 길이 어렵고 세상의 유혹은 아름답게 보여도, 믿음의 자녀로 살아가는 것이 하나님의 역사에 동참하는 사역임을 믿고 자원하는 평범한 우리 한 사람 한 사람을 통해서 하나님의 나라는 세워져 간다. 원래 살던 고향에서 편하게 살 수도 있다. 그러나 자원하는 무명용사를 잊지 않으시는 하나님께서 오늘 나의 선택을 주목하고 계시다는 것을 기억하라. 나는 기도한다. 오늘이라는 이름의 역사책에 우리의 이름이 기록되기를. 자신만을 위한 편안하고 안락한 삶이 아닌 민족과 하나님 나라를 위하여 자원하는 마음으로 살겠노라고 결단하는 헌신이 일어나기를.

드러나지 않는 섬김

이스라엘 공동체에는 또 다른 무명의 용사들이 있었다. 성전 일을 맡아 섬긴 자들이다(11:10-16). 다윗과 솔로몬 시대의 제사장 사독의 후손들은 새 역사관을 가지고 해야 할 수많은 일 중에서 성전의 예배를 돕는 일에 헌신하며 봉사했다. 새 역사관이란 이스라엘의 역사를 통해 민족이 패망한 이유를 해석하고 규명하는 시각을 말한다. 새 역사관에 따르면 이스라엘 백성이 하나님과 만나는 예배에 실패하면서부터 언약이 흔들리기 시작했고, 언약이 흔들리기 시작하자 백성들은 각자 자기 쾌락과 이익을 쫓았으며 윤리와 도덕이 무너지고 공동체는 파괴되어 서서히 나라가 멸망하기에 이르렀다. 이러한 새 역사관을 가지고 재건된 예루살렘 성을 바라보는 사독의 후손들은 이스라엘이 회복될 길이 예배에 있음을 깨달았다. 재건된 성의 수문 앞에 모여 예배를 드리는 가운데, 하나님의 살아 계심을 체험하고 죄의 사유하심을 맛보았다. 무의미하고 가치 없는 삶을 살다가 와서 하나님의 살아 계심을 체험하고 보니 버려진 인생이 아니라 여전히 사랑받는 존재, 가치 있는 존재라는 것을 확인한 것이다. 이러한 예배의 기적과 이적을 알았기에 그들은 이스라엘이 온전한 예배를 드리도록 하는 일에 생명을 바치기로 결단했다.

예배는 진정 우리 삶을 바꾼다. 말씀이 인생을 보는 관점을 바꾸고, 찬양이 지친 마음에 새 힘을 불어넣고, 기도가 그 동안 보지 못했던 시야를 열어준다. 그리스도 안의 참된 교제는 세상에 찌들고 지친 몸과 영혼에 용기와 격려를 준다. 예배의 감격과 기쁨을 통해 이렇듯 새롭게 될 수 있다면, 예배는 계속되어야 한다. 목적과 의미를 잃어버린 사람, 세파에 지친 사람은 누구나 예배에 참석해서 하나님을 만나야 한다. 예배를 통해 진정한 자기 가치를 발견해야 한다. 그렇기 때문에 사람들이 하나님을 온전히 만나도록 돕고 섬기는 일은 참으로 귀하다. 예배위원으로, 찬양대로, 안내위원으로, 중보기도팀으로 등등 예배를 돕는 수많은 이들은 드러나지 않게 섬기고 봉사하는 무명용사들이다.

새벽예배를 마치고 혼자 대예배실에 들어가 볼 때가 있다. 6시쯤 되었을까, 예배 안내를 맡은 담당자들이 일찍 나와 무릎 꿇고 기도한 후에 예배실 안을 살피는 것을 보았다. 교인들이 버리고 간 휴지조각을 손으로 일일이 줍고 있었다. 예배를 드리러 온 사람들이 누구든지 조금이라도 불쾌하지 않도록, 예배하는 마음이 상하지 않도록 정성껏 준비하는 아름다운 모습이었다. 오늘 예배를 통해, 죽느냐 사느냐의 절박한 문제로 고민하는 사람도 주님을 만나 인생의 전환점을 맞이하기를 기도하는 마음으로 섬기는 그런 작은 손길들을 주님은 사용하신다. 주차장에서, 주방에서, 카페에서, 서점에서, 교회 구석구석에서 말없이 섬기며 예배가 예배 되도록 숨어서 섬기는 봉사자들을 통해 하나님은 구원의 역사를 열어 가신다.

꾸준한 기도

무명용사들 중에는 또한 기도하는 사람들이 있었다(11:17). 아삽의 증손 삽디의 손자 미가의 아들인 맛다냐는 기도할 때에 감사하는 말씀을 인도하는 어른, 즉 기도할 때 말씀을 인도하는 지도자였다. 그리고 박부갸와 압다의 이름도 기록되어 있다. 감사의 찬송과 기도를 인도하는 지도자들이다. 하나님께서 그들을 지도자라 하신 이유는 그들이 하나님께 무릎 꿇는 사람이기 때문이다. 기도하는 사람은 기도로 하나님의 역사를 이끌어나간다.

한 공동체의 지도자로 어떤 사람이 합당할까? 가정에서는 흔히 나이가 제일 많은 사람이나 가장, 혹은 돈을 제일 많이 벌어오는 사람이 지도자 역할을 떠맡는다. 크고 작은 여러 공동체에서는 목소리 큰 사람, 배포가 큰 사람, 자기주장이 뚜렷한 사람이 지도자로 나서는 경우가 많다. 그럼 하나님은 공동체의 지도자로 누구를 세우실까? 주님은 기도하는 사람을 택하신다. 가정도 교회도 국가도, 그 공동체의 문제를 품고 하나님의 마음으로 기도하는 사람을 하나님은 지도자로 삼으신다. 사람들 눈에는 돈이나 힘이나 다른 기준으로 세워진 '지도자'만 보일지라도 진정으로 그 공동체를 움직이는 것은 공동체를 위해 기도하는 사람들이다. 살아 계셔서 인간의 생사회복을 주관하시며 역사의 배후에서 역사를 움직이시는 하나님을 믿고 기도하는 사람만이 진정으로 영향력을 끼치기 때문이다. 느헤미야는 기도하는 사람이 민족의 지도자임을 알았고 또 기도하는 사람이 누구인지도 알아보는 영적인 안목이 있었다. 느헤미야 역시 기도하는 사람이었고 이스라엘의 지도자였다.

에베소서에서 사도 바울은 구원받은 하나님의 백성이 어떻게 살아야 되는지 이야기한 후, 그러기 위해서는 영적 전쟁에서 승리해야 한다고 말한다. 바울은 성도들에게 "주 안에서와 그 힘의 능력으로 강건하여"지라고 권면하고(6:10), 항상 모든 일에 "모든 기도와 간구로 하되 무시로 성령 안에서 기도하고 이를 위하여 깨어 구하기를 항상 힘쓰며 여러 성도를 위하여 구하고"(6:18), "또 나를 위하여 구할 것은 내게 말씀을 주사 나로 입을 벌려 복음의 비밀을 담대히 알리게 하옵소서 할 것이니"(6:19)라고 말한다. 주 안에서 강건하게 서고 항상 깨어 있도록 성령 안에서 구하며, 공동체의 여러 성도를 위해 중보하고, 특별히 자기 자신을 위해 기도해 줄 것을 요청한다. 사도 바울 같은 위대한 영적 지도자도 성도들에게 기도를 부탁하고 있다. 복음의 비밀을 알리는 귀한 일이 방해를 받지 않도록 함께 기도해 달라는 것이다.

우리 공동체에서 영적 지도자의 역할을 하는 사람은 누구인가? 교회에서는 성도들의 영적인 부분을 공급하는 통로인 담임목사의 영향력이 가장 중요할 것이다. 담임목사는 또한 성도들을 섬기는 것으로 하나님 앞에서 칭찬과 기쁨과 상급을 얻을 것이다. 그렇다면 교회와 성도를 무너뜨리기 위해 어둠의 영이 가장 집중적으로 공격할 대상도 역시 영적 지도자이다. 영적 지도자가 엉뚱한 곳에 에너지를 낭비하고 성도를 섬기는 일을 포기하고 뒤로 물러나게 만드는 것이 사단의 계획이다. 지도자와 성도들 간에 의사소통 통로를 차단하여 건강한 영적 영향력이 흘러가지 못하게 막는 것도 사단의 계책이다. 수많은 지도자가 무너졌고, 그로 인해 훨씬 더 많은 성도들이 상처를 입고 교회와 하나님을 떠났다. 이것이 오늘날 한국 교회의 현실이다. 그렇기 때문에 교회의 지도자를 위한 기도가 반드시 필요하다. 이것은 사도 바울이 말한 것처럼 우리에게 주어진 하나님의 일을 함께 이루어가는 굉장히 중요한 영적 원리다. 눈에 보이는 지도자를 영적으로 보호하는 기도를 꾸준히 하는 사람, 그 사람이 공동체의 진정한 지도자다. 공동체가 안전하게 움직여갈 수 있는 것은 앞에 서 있는 지도자만으로 되는 것이 아니라 그 지도자가 하나님 앞에서 건강하고 온전하게 서 있을 수 있도록 기도로 붙들어주는 숨은 지도자들이 있기 때문이다.

삶의 현장에서 내 역할이 기대했던 것보다 작고 보잘것없게 보일 수도 있다. 사람 사는 세상에서는 크고 위대한 역할을 하는 사람이 정해져 있고 나는 도저히 그 대열에 낄 수 없을지도 모른다. 그러나 사람의 시각이 아니라 하나님의 시각에 포착될 만한 일을 하는 것이 중요하다. 모세는 당시 세계 최강대국의 왕자라는 신분을 던져버리고 하나님의 백성과 함께 고난 받기를 택했다. 하나님의 백성이 진정한 예배를 회복하는 일에 자신을 드리는 동시에, 자신의 연약함을 내어놓고 주님의 도우심과 인도하심을 겸손히 구하며 공동체의 역사를 의탁했던 모세는 결국 하나님이 쓰시는 영적 이스라엘의 역사에 영광스러운 이름으로 기록되었다.

지금도 진행 중인 영적 이스라엘의 역사에, 나와 우리 공동체는 어떻게 기록될 것인가? 겸손하고 진실하게 쓰임 받았던 무명용사들처럼 이 땅의 모든 그리스도인이 하나님이 기억하시는 복 받을 사람들로 기록되기를 소망한다.

14장
분별, 공동체를 지키는 지혜

느헤미야 13장

살아가면서 겪는 많은 어려움 중에 무언가를 선택하는 것만큼 어려운 것도 없는 듯하다. 구소련 시절 한 수상의 딸이 미국으로 망명했다가 다시 소련으로 돌아온 일이 있다. 그는 미국 생활에서 가장 어려운 것이 무엇이었냐는 질문을 받고, 수많은 선택을 하며 사는 것이 어려웠다고 대답했다.

우리의 삶은 매 순간의 작은 선택을 통해서 이어져 간다. 오늘 우리의 모습은 과거의 선택을 통해서 이루어진 것이고, 또 지금 우리의 선택을 통해서 미래가 열릴 것이다. 그런데 선택이 어려운 이유는 무엇이 올바르고 유익한 선택인가가 분명하지 않기 때문이다. 옳은 선택과 유익한 선택이 항상 일치하는 것은 아니다. 두 가지를 모두 충족시키면서 현명한 선택을 하기 원하기 때문에 선택은 쉽지 않다. 선택에 관한 한 누구에게나 상처와 추억이 있다. '아, 그때 내가 바른 선택을 했기 때문에 오늘 내 삶이 아름답게 되었구나' 또는 '그때 내가 잘못 선택해서 내 삶이 어려움을 겪고 있구나' 하며 자신의 선택을 돌아보게 된다.

그래서 지도자에게 가장 중요한 덕목으로, 많은 사람이 서슴지 않고 비전과 분별력을 꼽는다. 공동체의 미래에 대한 비전이 분명해야 하고 그 비전을 추진하기 위해 올바른 선택을 할 수 있는 분별력이 있어야 한다.

주어진 삶의 조건을 어떻게 분별하고 해석하느냐에 따라 선택의 결정도 달라진다. 바른 분별을 하는 사람은 결국 바르게 선택할 수 있다.

내가 어렸을 때만 해도 스위스는 시계 강국이었다. 스위스 시계가 세계에서 가장 좋았다. 그러나 요즘은 스위스 시계가 좋은 시계이긴 해도 가장 좋은 시계는 아니다. 세계에서 가장 뛰어났던 스위스의 시계 산업을 망하게 한 것은 바로 스위스 사람이라고 한다. 어떤 사람이 새로운 시계를 발명해서 시계 업계에 뛰어들었는데, 업자들은 그 시계를 받아들이지 않았다. 태엽으로 감는 시계가 세계적으로 명성을 떨치고 부를 거둬들이고 있었기 때문에 더 이상 좋은 시계는 나올 수 없다고 판단했던 것이다. 그것은 바로 디지털 시계였는데, 새로운 시계를 발명한 사람은 이 기술을 다른 나라에 넘길 수밖에 없었다. 스위스 시계업자들은 태엽 시계에 대한 믿음과 지금까지의 경험을 고수하며, 시대의 흐름과 사람들의 욕구와 디지털 혁명의 가능성을 제대로 분별하지 못했다. 그 결과 스위스는 시계 강국의 명성을 지키지 못하고 선두 자리를 내주어야 했다.

개인의 차원에서나 공동체의 차원에서나 상황을 분별하고 옳은 선택을 하는 것은 결코 작은 문제가 아니다. 평생의 배우자를 선택하고 직업을 선택하는 일, 삶의 철학과 방향을 선택하는 일과 같은 중대한 선택뿐 아니라 매일의 삶에서 개인과 공동체를 위해 내리는 우리의 선택이 아름다운 결과를 낳는 현명한 선택이 되기 위하여, 느헤미야와 이스라엘 공동체가 가졌던 지혜로운 분별력을 배우고 훈련해야 할 것이다.

느헤미야 12장 27절부터, 이스라엘 공동체가 희망의 노래를 부르는 장면이 나온다. 140년간이나 황폐했던 예루살렘 성에 성벽이 세워지고 새로운 가치관이 자리 잡으면서 이스라엘이 소망 공동체로 거듭나는 기쁨의 축제가 감사의 찬양이 울려 퍼지는 가운데 진행되었다. 12년간 무겁고 힘든 사명을 감당한 느헤미야는 약속대로 아닥사스다 왕에게 돌아갔다. 이 공동체가 이제는 달라지고 새로워질 거라는 기쁜 마음과 희망을 안고 돌아갔지만 다시 돌아와 보니 또다시 변질된 것을 발견하고 개혁을 단행하는 것이 13장의 내용이다.

느헤미야는 아닥사스다 왕에게로 돌아갔다가 얼마의 기간이 지났는지는 모르지만 다시 돌아왔다. 이스라엘 백성은 어느새 행복을 위한 가치관과 원리를 상실하고, 옛날 조상들이 그랬던 것처럼 패망과 분열, 다툼의 조짐이 뿌리내리고 있었다. 느헤미야는 백성들의 삶을 들여다보고 그 문제와 원인을 분석하여 백성들이 하나님을 떠나지 않도록 분별할 수 있는 기준을 세워주었다. 이스라엘 백성의 나약한 모습에서 오늘 우리의 모습을 발견하는 만큼, 느헤미야가 제시한 분별의 기준은 우리에게도 유익하다.

우리는 교회와 개인의 삶 속에서 이 시대를 어떻게 분별하고 또 무엇을 선택해야 하는가? 이 공동체가 하나님이 주신 축복을 이어 갈 수 있는 비결, 받은 축복을 축복으로 간직할 수 있는 삶의 원리, 새롭게 회복할 것들은 무엇이 있는지 살펴보자.

말씀의 가르침

느헤미야는 하나님의 말씀을 들려줌으로써 백성들이 공동체의 행복을 지키는 지혜를 스스로 깨닫게 했다. 느헤미야는 지금까지 백성들을 이끌어 성벽 건축을 완성할 정도로 충분한 힘이 있었지만, 자기의 지도력이나 경험을 가지고 백성을 설득하지 않았다. 총독으로서의 권위가 있었지만 사용하지 않았다. 다만 하나님 말씀을 들려주었다. "그 날에 모세의 책을 낭독하여 백성에게 들렸는데"(1절).

평범하게 살아가는 보통 사람들은 특별한 철학이나 사상 없이 그저 사는 것 같지만 사실 우리는 모두 나름의 삶의 기준을 가지고 있다. 우리가 살면서 터득한 지혜를 가지고 우리가 스스로 선택한 삶의 기준이다. 이 기준은 어려움이 닥칠 때마다 흔들리고 왔다갔다 변하게 마련이다.

"옛날에 전 교회 잘 나왔어요. 그런데 그동안 방학했지요." 어떤 할머니가 자기를 소개하면서 이렇게 말씀하셨다. "그동안 왜 안 나오셨어요?" 하고 물으니 먹고살기가 바빠서 못 나왔다는 것이다. 그런데 할머니는 얼핏 보아도 참 멋쟁이였다. 자기 나름으로는 멋있게 살아왔고 지금도 그러려고 노력한다는 할머니의 얼굴에서는 삶의 피곤함이 묻어 있었다. 최선을 다해 살았고 자신이 목적한 것도 이루었을 텐데, 진짜 소중한 것을 잃어버린 쓸쓸함과 외로움, 회복할 수 없는 아픔을 간직한 표정이었다.

사람마다 제각기 삶의 목표를 가지고 살아간다. 하나님 말씀대로 살겠다는 생각을 수도 없이 하지만, 살다 보면 어느새 정말 중요한 것을 놓치고 있는 것을 자주 발견한다. "이렇게 살려고 한 게 아닌데 어쩌다 보니 여기까지 왔네요. 헛살았어요"라고 말하는 어른들이 있다. "돈이 되는 일이면 뭐든지 다 했습니다"라고 후회하듯 말하는 목소리에는 비굴하고 의미 없이 살았던 인생에 대한 아픔과 허무함이 들어 있다. "그때는 이것이 옳았어요. 양파 껍질 벗기듯이 옳다고 생각해서 좇아가서 껍질을 벗기니까 아니에요. 또 벗기니까 아니에요." 결국 아무것도 없다는 것을 발견했을 때는 이미 너무 많은 힘과 시간, 그리고 물질을 써 버린 후라 다른 무엇을 시작할 힘이 남지 않은 자신을 발견하고, 어쩔 수 없이 어쩔 수 없는 인생을 사는 사람들이 참 많다.

느헤미야가 떠나고 재건된 예루살렘에 남은 이스라엘 백성은 또다시 삶의 현장에서 여러 가지 어려움과 문제에 부딪혀 간신히 회복한 믿음을 잃어가고 있었다. 페르시아에서 돌아온 느헤미야는 백성들의 믿음이 왜곡되는 것을 보고 백성에게 하나님의 말씀을 들려준다. 백성은 하나님의 말씀을 귀가 아닌 가슴으로 듣고 영혼으로 깨닫는다. '그렇지. 내 인생에 아무 원칙 없이 너무 내 마음대로 살아왔구나' 하고 깨달은 것이다. 하나님의 말씀인 성경을 '캐논' (canon)이라고 하는데 '자, 원칙, 기준' 을 의미하는 말이다. 영혼의 잣대인 하나님 말씀에 대어 보니 '내가 엉뚱한 곳에 와 있구나. 내 기준이 말씀에서 너무 멀리 떨어져 있었구나. 이제는 내 삶을 고쳐야겠다' 하는 깨달음이 생겼고, 그러자 진정한 변화가 일기 시작했다.

개인이든, 공동체든 하나님의 말씀이 들어가는 곳에는 반드시 변화가 일어난다. 성 어거스틴이 회심한 이야기는 유명한데, 그는 어릴 때 예수님을 믿었지만 청년이 된 후 이방 종교에 빠져서 사생아까지 낳았다. 철학을 공부하다 큰 고통 속에 있는데, 하루는 밖에서 아이들이 떠드는 소리 중에 "펴서 읽어라" 하는 음성이 들렸다. 그래서 성경을 펴고 로마서 13장에 있는 말씀을 읽었다. "그러므로 우리가 어두움의 일을 벗고 빛의 갑옷을 입자." 그는 말씀에서 하나님의 음성을 듣고 인생의 기준으로 삼아, 그 동안의 삶을 회개하고 위대한 하나님의 사람으로 거듭났다.

시편 1편에서 정말 행복한 사람은 시절을 좇아 과실을 맺는 사람이라고 했다(3절). 젊을 때는 젊을 때의 열매를, 중년에는 중년의 열매를, 그리고 부요할 때는 부요의 열매를, 지식이 있는 사람은 지식의 열매를 맺는 것이다. 마찬가지로 가난할 때는 가난할 때 맺어야 할 열매를 맺고, 병들었을 때는 병든 사람이 맺어야 할 열매를 맺는 사람이 행복한 사람이다. 인생에 여러 굴곡이 있지만 복 있는 사람은 환경에 따라 가장 아름다운 열매를 맺는다. 사람들도 축복하고 하나님도 인정하시는 영향력 있는 인생이다. 이런 사람은 주야로 여호와의 말씀을 묵상하는 사람이라고 한다(2절). 말씀의 기준을 가지고 말씀을 따라 사는 사람, 바로 그 사람이 인생을 복되게 사는 사람이다.

여호수아는 그동안 섬기던 모세가 죽고 후계자가 되었으나 참담한 심정이었다. 능력 있는 모세가 인도할 때도 불평하고 원망하며 조금의 틈만 있으면 반역하고 지도자를 죽이려고도 했던 이스라엘 백성을, 능력도 자격도 없는 자신이 이끌어야 하는 것이다. 게다가 자기가 해야 할 일을 보니 눈앞이 캄캄했다. 당장 요단 강을 건너야 하고, 건너자마자 여리고 성을 정복해야 한다. 수많은 전쟁을 치러야 한다. 자기 능력으로는 할 수가 없었다. 지금까지 비서 역할만 했지 지도자로서 수업을 받지 못했기 때문에 여호수아는 두려워서 우울증에 빠져 버렸다.

하나님께서는 그런 그에게 위기를 극복할 지혜를 알려주셨다. "여호수아야, 두려워 말라. 내가 내 종 모세에게 준 율법의 말씀을 다 지켜 행하고 좌로나 우로나 치우치지 않으면 네 삶이 형통하고 어디를 가든지 승리할 것이다"(수 1:8 참고). 여호수아는 자신을 보지 않았다. 환경도 보지 않았다. 앞으로 어떤 일이 사기를 기다리고 있는지 따져보지 않았다. 오직 하나님 말씀만 의지하여, 여호수아는 어떤 어려움 중에서도 자기 사명을 다했다. 그가 그토록 고된 일을 감당할 수 있었던 것은 말씀에 따라 인생의 원칙을 세우고 살았기 때문이다.

말씀의 원칙을 붙드는 사람에게는 말씀이 그 앞의 등불이 되어 한 발 한 발 내딛는 걸음을 실족하지 않도록 비춰준다. 말씀을 읽고 말씀을 붙들라.

달라스 신학교의 교수 하워드 헨드릭스가 쓴 「삶을 변화시키는 성경연구」(디모데 역간)를 보면, 사람들이 말씀을 대하는 태도가 세 가지로 분류된다고 한다. 먼저 피마자기름 형인데, 피마자기름은 맛이 쓰고 역해서 먹기는 고역이지만 약으로 쓰인다. 하나님의 말씀이 피마자기름처럼 먹기 힘든 쓴 약이라고 생각해서, 평소에 성경을 읽지 않지만 버리지는 않고, 늘 끼고 다니다가 위기와 어려움이 올 때 성경을 펼쳤다가 위기가 지나면 다시 덮어둔다. 가끔 약으로만 쓰는 유형, 피마자기름 형이다.

그 다음은 시리얼 형, 우리로 하자면 현미밥 형이다. 말씀이 좋다는 것은 아는데 맛을 모른다. 현미밥은 입에 들어가면 까칠까칠해서 무슨 맛이 있는지 잘 모르지만 건강에 좋다니까 무조건 먹는다. 말씀이 좋고 교회 다니는 사람은 다 읽어야 된다고 하니 읽긴 읽는데, 왜 읽는지, 무엇 때문에 읽는지, 성경 읽는 맛이 뭔지도 모르고 무조건 읽는다. 이런 유형을 현미밥 형이라고 한다.

마지막 유형은 아이스크림 형이다. 맛을 경험했기 때문에 조금씩 맛보면서 계속 먹는다. 말씀의 맛을 알기 때문에 자랑하듯 맛을 느껴가며 먹는 유형이 아이스크림 형이다. 헨드릭스 교수는 모든 신자들이 세 번째 유형이 되기를 바라는 마음을 책에 옮겨놓았다.

선지자 예레미야는 역사적으로 가장 어두웠던 시대에 말씀으로 인해서 기쁨과 위로를 얻었다고 고백한다(렘 15:16). 행복은 이 땅에 속한 것이 아니라 하나님이 주시는 것이다. 하나님의 말씀을 인생의 기준으로 삼고 말씀을 좇아 지키는 인생에게는 행복을 지킬 수 있는 원리를 깨닫게 해주신다. 그리고 공동체의 행복을 지키는 사람으로 세우신다. 말씀은, 바로 느헤미야가 이스라엘 공동체에게 깨닫게 한 분별의 방법이고 분별의 지혜였다.

거룩한 구별

이스라엘 백성이 잘못된 길로 들어선 것은 역사의 교훈을 상실했기 때문이다. 느헤미야는 역사를 통해 영적인 교훈을 얻고 분별의 지혜를 얻었다. "그 책에 기록하기를 암몬 사람과 모압 사람은 영영히 하나님의 회에 들어오지 못하리니 이는 저희가 양식과 물로 이스라엘 자손을 영접지 아니하고 도리어 발람에게 뇌물을 주어 저주하게 하였음이라. 그러나 우리 하나님이 그 저주를 돌이켜 복이 되게 하셨다 하였느니라"(2절).

출애굽한 이스라엘이 광야를 지나 가나안으로 들어가려고 요단강 건너편인 모압 평지에 진 쳤을 때 모압 왕인 발락이 발람이라는 선지자를 시켜 이스라엘을 저주하게 했으나 하나님께서 그들의 저주를 막으셨다. 그러자 그들은 머리를 써서 모압과 암몬의 여자들을 이용해 이스라엘 남자들과 음행하게 만들었다. 이렇게 모압과 암몬 족속은 이스라엘 백성의 죄성을 타고 들어와서 이스라엘이 죄를 짓고 하나님에게서 멀어지게 만든 민족이므로, 하나님의 회(會)

에 영원히 들어오지 못하도록 명하신 것이다. 이스라엘은 모압과 암몬 족속이 무리 가운데 들어오면 죄를 짓고 하나님을 떠나게 만든다는 것을 이미 역사를 통해 배운 바 있었다.

그런데 느헤미야가 돌아와서 보니 모압과 암몬 자손이 이스라엘 공동체에 들어와 있었다. 이스라엘 백성이 그들과 결혼하고 가정을 꾸려 자녀까지 낳았는데 그 자녀들은 이스라엘의 말을 하지 못했다(23-24절). 말을 모르니 성경을 배울 수도 없고 말씀의 영향력을 받을 수 없게 되자 이방 민족의 영향을 그대로 받고 있었다. 이렇게는 하나님의 언약 공동체로 세워질 수 없었다. 느헤미야는 발람에 대한 말씀과 솔로몬의 예를 들어 이스라엘 민족의 역사가 가르치는 영적 교훈을 마음에 새기고 거룩을 지키라고 백성을 책망한다(1-3절, 25-27절). 백성은 느헤미야의 책망과 하나님의 율법을 듣고 곧 그들 가운데 섞여 있던 이방인 무리를 완전히 분리해냈다(3절).

사람은 환경적인 동물이다. 아무리 훌륭한 사람이라도 누구의 말을 듣느냐에 따라 사물을 보는 각도와 이해하는 감정이 달라질 수 있다. 내가 세속적인 가치관의 영향을 받는 자리에 있고, 그런 사람과 사귀고 있다면 거기서 나를 분리해내야 한다. 그렇지 않으면 신앙의 사람, 하나님 앞에 구별된 사람으로 살아갈 수 없을 뿐 아니라 공동체에 축복을 가져오는 사람도 될 수 없다. 매일 선정적이고 폭력적인 영화를 보면서 어떻게 자매와 형제를 순수하게 존경하고 사랑하는 마음이 생기겠는가. 물론 익숙해진 문화를 단절해내기는 쉽지 않다. 굉장한 아픔이다. 그렇지만 일단 분리해야 한다. 중요한 것은 무엇으로부터의 분리가 아니라, 무엇을 위한 분리인가 하는 것이다.

예수님의 삶을 보라. 예수님은 하나님이 주신 당신의 사명을 제자들과 나누며 시간을 보내는 한편 혼자만의 시간을 절대적으로 비워서 하나님과 교제했다. 또한 세리와 창기, 병자들과 시간을 보내며 사랑하고 가르치고 치료의 역사를 베푸셨다. 그리고 다시 제자 공동체 속에서 제자들과 교제하며 탈진된 자신의 삶을 추슬렀다.

영성 운동을 하는 미국 공동체 중에 활발하게 사회 운동을 하는 한 공동체는, 일정 기간 사회봉사에 참여한 사람들을 다시 공동체 속에 집어넣는다. 그 이유가 무엇일까? 우리는 가난한 사람, 어려운 사람, 세리와 창기와 함께 거하며 선한 영향력을 끼쳐야 한다고 생각하지만 사실 그들과 함께 생활하면 그들과 동화되고 만다. 사람이기 때문이다. 그 공동체는 봉사자들이 일정한 시간이 지나면 공동체 속에서 재충전하고 하나님의 말씀으로 선한 영향력을 많이 받은 뒤에 다시 사회봉사에 참여하도록 하고 있다. 사회 운동을 하는 사람일수록 영성에 관심을 가져야 한다. 기도 생활을 철저히 하지 않으면 넘어지기가 쉽다.

우리의 영적 생활은 어떠한지 점검해 보라. 나는 지금 복음 안에서 복음의 영향을 받고 있는가 아니면 세상의 병든 가치관과 문화의 영향을 받고 있는가. 내 삶에서 복음의 능력이 약화되고 내가 다른 이들에게 영향을 줄 수 없는 상황이라면 잠시 물러나 재충전을 하는 것이 좋다. 먼저 하나님 앞에서 영적으로 새롭게 되고, 그 다음에 그들을 찾아가 복음의 능력을 전하기를 바란다. 누구의 영향을 받을 것인가? 이것은 중요한 분별이다. 이 분별을 통하여 공동체를 아름답게 가꾸고 하나님의 사람으로 살아갈 지혜를 얻게 된다.

우리에게는 개인의 미래뿐 아니라 교회와 이 나라의 미래가 달려 있다. 특히 청년들은, 그들 자체로도 귀하지만 그들의 젊음이 엄청난 가능성을 지니고 있기에 더욱 소중하다. 주어진 젊음의 시간을 어떻게 사용할 것인지에 대한 거룩한 결단이 없다면 지금 청년들이 가장 비판하는 기성세대의 모습을 그대로 답습하게 될 것이다. 우리 각 사람이 거룩하게 구별된 삶을 살기로 결단하고 과감히 돌아설 때 작지만 의미 있는 변화들이 이 땅의 곳곳에서 꽃피는 것을 우리 모두가 보게 될 것이다.

우선순위의 문제

돌아온 느헤미야는 또한 성전에서, 하나님께 올려드릴 거제와 소제물을 쌓아두는 창고에 도비야의 방과 물건이 있는 것을 발견했다. 도비야는 하나님의 공동체가 되는 것을 끊임없이 방해했던 존재다. 바로 이 도비야가 엘리아십이라는 제사장과 친척 관계를 맺으면서 성전 안에 자기 방을 만들고 거기에 짐을 갖다 놓았다. 하나님의 일을 위해 사용할 물건을 보관하는 방에 한 인간을 위한 물건들이 채워져 있었다.

또한 백성들이 십일조를 내지 않아 성전에서 일하는 레위 사람들이 먹고 살기가 어려워지자 성전을 버리고 뿔뿔이 흩어져 있었다. 안식일에도 일을 하는 사람이 곧잘 눈에 띄었으며 이방 사람들이 와서 안식일에 장사를 하고 있었다. 느헤미야는 이 모든 상황을 보고 격노했다. 하나님 말씀의 권위도 잃어버리고 거룩한 구별도 허물어버린 이스라엘 백성은 우선순위에 대해서도 아무런 기준이 없었다. 하나님께 드려야 할 것을 인간이 남용하고 있었다.

느헤미야가 목격한 절망스런 상황이 오늘날 우리의 자화상은 아닌지 진지하게 돌아보아야 한다. 하나님께 드려야 할 물질과 시간과 마음이 우리 자신을 위한 것으로 채워지고 이러저러한 핑계를 들어 변칙적으로 사용하는 것을 묵인하고 허용하고 있지는 않은가. 느헤미야는 그 어떤 것과도 타협할 수 없는 십일조와 안식일의 우선순위를 가르친다. 십일조와 안식일은 신앙의 전반적인 부분을 진단하고 변화시키는 기본이기 때문이다.

온전한 십일조는 재정과 물질을 포함하여 자신의 전부가 하나님께서 주신 것이라는 사실을 구체적인 행위로 고백하는 것이다. 10분의 1을 하나님께 드림으로써 나머지 10분의 9도 하나님께 받은 것임을 고백하는 것이다. 이것이 십일조의 원래 정신이다. 십일조 외에 나머지는 마음대로 써도 된다는 것이 아니다. 내 손에 있는 것이라도 내 것이 아니라 하나님의 것임을 아는 사람은 자기 마음대로 쓰거나 죄를 위한 일에 쓰지 않고 하나님의 뜻을 구하며 그에 합당하게 재정과 자원을 사용한다. 많은 현대인이 사실상 돈의 노예로 전락하여 돈을 추구하며 살지만 십일조를 드리는 사람은 모든 것의 주인 되신 하나님의 물질을 관리하는 사람이 된다. 그리하여 내게 맡겨주신 물질로 하나님의 영광을 드러내고 하나님의 목적을 이루는 일에 사용하게 된다.

안식일의 문제 역시, 시간의 주인이신 하나님께 일주일 가운데 하루를 온전히 드리며 하나님과 교제함으로써, 우리의 모든 시간이 주님께서 허락하신 시간임을 고백하는 것이다. 현재 우리는 안식일을 지키지 않고 안식일의 여러 가지 율법도 폐지되었지만, 주일에 함께 모여 예배를 드리고 매일 하나님과 개인적인 교제의 시간을 보냄으로써 하나님이 내 삶의 주인이심을 고백한다. 하나님과 보내는 시간을 아까워하는 사람은 자기에게 주어진 생명의 시간이 자기의 것이라고 생각하는 사람이다. 하나님을 만나는 시간, 하나님과 교제하는 시간, 하나님을 예배하는 시간은 최우선 순위를 두고 지켜야 할 거룩한 시간이다. 우리 자신이 세상의 영향으로부터 거룩하게 구별되어야 하듯이 하나님을 예배하는 시간도 다른 용도의 시간들과는 거룩하게 구별되어야 한다.

하나님께서 친히 일주일 중 하루를 구별하셨다. 우리와 교제하기 위해 구별하신 하루다. 하나님을 기쁘시게 해드리고자 하는 하나님의 사람이라면 주일 하루는 하나님께 온전히 예배해야 한다. 교회에서 성도들과 함께 예배를 드리고, 예배 후에는 소외된 친구를 찾아가고 어려운 이웃을 찾아가 섬기는 것도 하나님을 예배하는 것이다. 주일학교 교사로 아이들을 돌보고 가르치는 것도, 형제자매가 서로 격려하고 신앙의 교제를 나누는 것도 주님께서 기뻐하시는 일이다. 주일을 거룩하게 구별하여 하나님께 드리면 주님께서 허락하신 다른 시간도 헛되이 버리지 않게 된다.

이렇듯 분명한 기준이 공동체 안에 세워져야 한다. 반드시 지켜야 할 우선순위가 공동체의 모든 사람에게 이해되고 동의되어야 한다. 느헤미야는 십일조와 안식일의 우선순위를 백성에게 설득하고 가르치는 과정에서 꾸준히 기도를 병행한다. "내 하나님이여, 이 일을 인하여 나를 기억하옵소서. 내 하나님의 전과 그 모든 직무를 위하여 나의 행한 선한 일을 도말하지 마옵소서"(14절), "나의 하나님이여, 나를 위하여 이 일도 기억하옵시고 주의 큰 은혜대로 나를 아끼시옵소서"(22절)라고 했다. 느헤미야는 왜 기도하면서 이 일을 했을까?

느헤미야의 기도에는 그의 고민이 담겨 있다. "하나님, 인간이 하는 일은 허무한 것밖에 없습니다. 하나님께서 도와주시지 않는다면 아무리 노력해도 되지 않습니다. 예루살렘 성을 재건하고 초막절을 기쁘게 드릴 당시에는 확고하게만 보였던 이스라엘의 신앙이 얼마 되지도 않아 이렇게 무너지고 말았습니다. 하나님, 분별의 지혜가 없는 공동체는 미래가 없습니다. 이스라엘의 다음 세대, 그 다음 세대들이 하나님을 경외하는 민족으로 계속 이어져 가기 위해서는 하나님 말씀의 권위가 굳게 서야 합니다. 역사의 교훈을 통해 거룩한 구별이 일어나야 합니다. 하나님께 드리는 것을 도둑질하지 않도록 우선순위가 바로잡혀야 합니다. 하나님, 지금 우리 안에 있는 죄를 몰아내는 이 일을 기억하시고 이스라엘이 분별의 지혜를 간직하는 공동체가 되도록 하나님께서 인도해 주시기를 원합니다."

이스라엘 공동체의 미래를 하나님께 의탁하는 느헤미야의 기도는 기도가 아니라 절규다.

하나님을 의지하여 공동체를 회복시키고자 하는 꿈을 꿀 때 우리가 간직해야 할 가장 기본적인 원리는 말씀과 기도다. 하나님의 말씀으로 분명한 기준을 세우고 세상 가운데 물들지 않도록 거룩하게 구별하여 하나님께 드리며, 그 모든 과정 가운데 하나님께서 우리를 붙들고 인도하시기를 기도로 구할 때, 우리가 품은 공동체가 다시 소망의 숨을 쉬며, 하나님께서 주시는 놀라운 분별의 지혜를 배워나갈 것이다. 이 원칙들을 든든히 다져나갈 때, 우리가 기도하듯이, 하나님께서 우리의 가정과 교회와 사회와 민족 공동체를 다음 세대에도 견고히 세워주실 것이다.

나가면서

 우리는 꿈이 있다. 하나님의 공동체가 정체성을 회복하고 본래 목적대로 새롭게 되는 꿈. 그리고 그 꿈을 계속 이어나가는 건강한 공동체가 되는 꿈. 이 꿈을 주신 하나님의 큰 그림 안에서 우리도 각각 한 조각씩을 담당하는 꿈. 어떻게 보면 소박한 꿈이지만 또 어떻게 보면 원대한 꿈이다. 그리고 어떻게 보든지 하나님이 기뻐하시는 꿈이다.

 우리와 동일한 꿈을 품고 그 일을 이루었던 느헤미야를 통해 이제 우리의 꿈도 하나님 앞에 드려서 일을 이루시도록 해야 할 것이다. 자신의 삶에 매몰되지 않고 시대를 향해 귀를 여는 사람, 하나님을 알고 자신을 아는 사람, 공동체를 사랑하는 사람, 미래를 준비하는 사람은 하나님의 음성을 듣고 반응한다. 느헤미야가 그랬듯이 우리 역시 수많은 반대와 비난에 부딪힐 것이다. 그러나 우리를 향한, 공동체를 향한 하나님의 뜻을 기억하고 그 동안의 역사 속에서 일하셨던 하나님의 은혜 안에서 미래를 바라보며 회복의 사역을 일구어가라.

 우리가 가장 조심하고 경계해야 하는 시점은 바로 성공을 거둔 이후이다. 무언가를 이루려고 노력하는 것보다도 목표를 이룬 후에 그것이 아름답고 귀하게 쓰이도록 지켜나가는 것이 더 어렵고 더 중요한 일이다. 역사를 살펴보아도 가장 비참한 패배는 곧잘 성공의 정점에서 시작되었음을 알 수 있다. 느헤미야 역시 성을 건축한 이후 10여 년의 세월이 흘러 다시 돌아왔을 때 전혀 예상치 못했던 결과에 직면했다. 느헤미야가 뛰어난 리더로 손꼽히는 이유는 사실 이 부분 이후 때문이다.

다시 엉망이 된 공동체를 지속가능한 건강한 공동체로 세우기 위해 느헤미야는 대대적인 개혁을 추진했다. 모든 백성이 하나님을 기억하고 섬기고 사랑하도록 구조적이고 조직적인 틀을 마련할 뿐 아니라, 하나님의 말씀이라는 분명한 기준을 확고하게 세움으로써 인간의 개혁과 변화가 아닌 하나님께서 주도하시는 역사로 이어지게 하였다. 인간의 부패성을 인정하고 하나님의 은혜와 율법을 잊지 않는 지혜를 공동체 안에 심어줌으로써 시간이 지나고 환경이 바뀌어도 지속적으로 하나님의 음성을 들을 수 있는 통로를 만들었다. 그리고 이 모든 일은 철저하게 기도로 이루어졌다. 느헤미야의 이런 사역은 이 일이 자신이 아닌 하나님께서 행하신 일이며, 하나님께서 끝까지 이루시고 완성하실 역사임을 인정하고 고백하는 구체적인 믿음의 행위인 것이다.

이 땅에 복음이 전해진 후 찬란하고 놀라운 역사를 펼쳐가던 시절이 쇠퇴하고 우리는 다시 기독교의 부흥을 위해 몸부림치고 있다. 이제는 외형적인 예루살렘 성을 쌓는 일보다 말씀의 원리를 따라 하나님 백성의 정체성을 바로 세우는 영적 예루살렘 재건이 중요한 과제로 남아 있다. 그리고 우리의 믿음이 자아관, 세계관, 가치관으로 정립이 되어서 구체적인 삶의 현장에서 나타나야 한다. 즉 돈을 사용하는 데서, 시간을 사용하는 데서, 가정생활에서, 직장생활에서, 권력과 힘의 사용에서, 인간관계 속에서 진정한 그리스도인의 원칙을 적용해야 한다. 하나님의 물건이 있어야 할 성전 안에 슬그머니 들어와 떡하니 자리를 차지하고 있는 영적 반역자 도비야의 물건을 다 던져 들어내는 일부터 시작해야 할 것이다. 우리가 발 딛고 선 모든 삶의 현장에서 하나님 나라를 이루기 원하는, 느헤미야의 본을 따르는 사람들을 통해 공동체의 회복과 부흥이 시작되기를, 그래서 우리가 품고 있는 가정과 교회, 일터, 사회, 민족, 세계가 오고 오는 모든 세대와 장차 임할 영광스런 새 하늘 새 땅에서까지 영원히 아름답게 드려지기를 간절히 소망한다.

느헤미야 읽기

「성경전서 개역개정판」

제 1 장
느헤미야가 예루살렘을 두고 기도하다

1 하가랴의 아들 느헤미야의 말이라
   아닥사스다 왕 제이십년 기슬르월에 내가 수산 궁에 있는데
2 내 형제들 가운데 하나인 하나니가 두어 사람과 함께 유다에서 내게 이르렀기로 내가 그 사로잡힘을 면하고 남아 있는 유다와 예루살렘 사람들의 형편을 물은즉
3 그들이 내게 이르되 사로잡힘을 면하고 남아 있는 자들이 그 지방 거기에서 큰 환난을 당하고 능욕을 받으며 예루살렘 성은 허물어지고 성문들은 불탔다 하는지라
4 내가 이 말을 듣고 앉아서 울고 수일 동안 슬퍼하며 하늘의 하나님 앞에 금식하며 기도하여
5 이르되 하늘의 하나님 여호와 크고 두려우신 하나님이여 주를 사랑하고 주의 계명을 지키는 자에게 언약을 지키시며 긍휼을 베푸시는 주여 간구하나이다
6 이제 종이 주의 종들인 이스라엘 자손을 위하여 주야로 기도하오며 우리 이스라엘 자손이 주께 범죄한 죄들을 자복하오니 주는 귀를 기울이시며 눈을 여시사 종의 기도를 들으시옵소서 나와 내 아버지의 집이 범죄하여
7 주를 향하여 크게 악을 행하여 주께서 주의 종 모세에게 명령하신 계명과 율례와 규례를 지키지 아니하였나이다
8 옛적에 주께서 주의 종 모세에게 명령하여 이르시되 만일 너희가 범죄하면 내가 너희를 여러 나라 가운데에 흩을 것이요
9 만일 내게로 돌아와 내 계명을 지켜 행하면 너희 쫓긴 자가 하늘 끝에 있을지라도 내가 거기서부터 그들을 모아 내 이름을 두려고 택한 곳에 돌아오게 하리라 하신 말씀을 이제 청하건대 기억하옵소서
10 이들은 주께서 일찍이 큰 권능과 강한 손으로 구속하신 주의 종들이요 주의 백성이니이다
11 주여 구하오니 귀를 기울이사 종의 기도와 주의 이름을 경외하기를 기뻐하는 종들의 기도를 들으시고 오늘 종이 형통하여 이 사람들 앞에서 은혜를 입게 하옵소서 하였나니 그 때에 내가 왕의 술 관원이 되었느니라

제 2 장
느헤미야가 예루살렘으로 가다

1 아닥사스다 왕 제이십년 니산월에 왕 앞에 포도주가 있기로 내가 그 포도주를 왕에게 드렸는데 이전에는 내가 왕 앞에서 수심이 없었더니
2 왕이 내게 이르시되 네가 병이 없거늘 어찌하여 얼굴에 수심이 있느냐 이는 필연 네 마음에 근심이 있음이로다 하더라 그 때에 내가 크게 두려워하여
3 왕께 대답하되 왕은 만세수를 하옵소서 내 조상들의 묘실이 있는 성읍이 이제까지 황폐하고 성문이 불탔사오니 내가 어찌 얼굴에 수심이 없사오리이까 하니
4 왕이 내게 이르시되 그러면 네가 무엇을 원하느냐 하시기로 내가 곧 하늘의 하나님께 묵도하고
5 왕에게 아뢰되 왕이 만일 좋게 여기시고 종이 왕의 목전에서 은혜를 얻었사오면 나를 유다 땅 나의 조상들의 묘실이 있는 성읍에 보내어 그 성을 건축하게 하옵소서 하였는데
6 그 때에 왕후도 왕 곁에 앉아 있었더라 왕이 내게 이르시되 네가 몇 날에 다녀올 길이며 어느 때에 돌아오겠느냐 하고 왕이 나를 보내기를 좋게 여기시기로 내가 기한을 정하고
7 내가 또 왕에게 아뢰되 왕이 만일 좋게 여기시거든 강 서쪽 총독들에게 내리시는 조서를 내게 주사 그들이 나를 용납하여 유다에 들어가기까지 통과하게 하시고
8 또 왕의 삼림 감독 아삽에게 조서를 내리사 그가 성전에 속한 영문의 문과 성곽과 내가 들어갈 집을 위하여 들보로 쓸 재목을 내게 주게 하옵소서 하매 내 하나님의 선한 손이 나를 도우시므로 왕이 허락하고
9 군대 장관과 마병을 보내어 나와 함께 하게 하시기로 내가 강 서쪽에 있는 총독들에게 이르러 왕의 조서를 전하였더니
10 호론 사람 산발랏과 종이었던 암몬 사람 도비야가 이스라엘 자손을 흥왕하게 하려는 사람이 왔다 함을 듣고 심히 근심하더라
11 내가 예루살렘에 이르러 머무른 지 사흘 만에
12 내 하나님께서 예루살렘을 위해 무엇을 할 것인지 내 마음에 주신 것을 내가 아무에게도 말하지 아니하고 밤에 일어나 몇몇 사람과 함께 나갈새 내가 탄 짐승 외에는 다른 짐승이 없더라

13 그 밤에 골짜기 문으로 나가서 용정으로 분문에 이르는 동안에 보니 예루살렘 성벽이 다 무너졌고 성문은 불탔더라
14 앞으로 나아가 샘문과 왕의 못에 이르러서는 탄 짐승이 지나갈 곳이 없는지라
15 그 밤에 시내를 따라 올라가서 성벽을 살펴본 후에 돌아서 골짜기 문으로 들어와 돌아왔으나
16 방백들은 내가 어디 갔었으며 무엇을 하였는지 알지 못하였고 나도 그 일을 유다 사람들에게나 제사장들에게나 귀족들에게나 방백들에게나 그 외에 일하는 자들에게 알리지 아니하다가
17 후에 그들에게 이르기를 우리가 당한 곤경은 너희도 보고 있는 바라 예루살렘이 황폐하고 성문이 불탔으니 자, 예루살렘 성을 건축하여 다시 수치를 당하지 말자 하고
18 또 그들에게 하나님의 선한 손이 나를 도우신 일과 왕이 내게 이른 말씀을 전하였더니 그들의 말이 일어나 건축하자 하고 모두 힘을 내어 이 선한 일을 하려 하매
19 호론 사람 산발랏과 종이었던 암몬 사람 도비야와 아라비아 사람 게셈이 이 말을 듣고 우리를 업신여기고 우리를 비웃어 이르되 너희가 하는 일이 무엇이냐 너희가 왕을 배반하고자 하느냐 하기로
20 내가 그들에게 대답하여 이르되 하늘의 하나님이 우리를 형통하게 하시리니 그의 종들인 우리가 일어나 건축하려니와 오직 너희에게는 예루살렘에서 아무 기업도 없고 권리도 없고 기억되는 바도 없다 하였느니라

제 3 장
예루살렘 성벽 중수

1 그 때에 대제사장 엘리아십이 그의 형제 제사장들과 함께 일어나 양문을 건축하여 성별하고 문짝을 달고 또 성벽을 건축하여 함메아 망대에서부터 하나넬 망대까지 성별하였고
2 그 다음은 여리고 사람들이 건축하였고 또 그 다음은 이므리의 아들 삭굴이 건축하였으며
3 어문은 하스나아의 자손들이 건축하여 그 들보를 얹고 문짝을 달고 자물쇠와 빗장을 갖추었고
4 그 다음은 학고스의 손자 우리아의 아들 므레못이 중수하였고 그 다음은

5 므세사벨의 손자 베레갸의 아들 므술람이 중수하였고 그 다음은 바아나의 아들 사독이 중수하였고
5 그 다음은 드고아 사람들이 중수하였으나 그 귀족들은 그들의 주인들의 공사를 분담하지 아니하였으며
6 옛 문은 바세아의 아들 요야다와 브소드야의 아들 므술람이 중수하여 그 들보를 얹고 문짝을 달고 자물쇠와 빗장을 갖추었고
7 그 다음은 기브온 사람 믈라댜와 메로놋 사람 야돈이 강 서쪽 총독의 관할에 속한 기브온 사람들 및 미스바 사람들과 더불어 중수하였고
8 그 다음은 금장색 할해야의 아들 웃시엘 등이 중수하였고 그 다음은 향품 장사 하나냐 등이 중수하되 그들이 예루살렘의 넓은 성벽까지 하였고
9 그 다음은 예루살렘 지방의 절반을 다스리는 후르의 아들 르바야가 중수하였고
10 그 다음은 하루맙의 아들 여다야가 자기 집과 마주 대한 곳을 중수하였고 그 다음은 하삽느야의 아들 핫두스가 중수하였고
11 하림의 아들 말기야와 바핫모압의 아들 핫숩이 한 부분과 화덕 망대를 중수하였고
12 그 다음은 예루살렘 지방 절반을 다스리는 할로헤스의 아들 살룸과 그의 딸들이 중수하였고
13 골짜기 문은 하눈과 사노아 주민이 중수하여 문을 세우며 문짝을 달고 자물쇠와 빗장을 갖추고 또 분문까지 성벽 천 *규빗을 중수하였고
14 분문은 벧학게렘 지방을 다스리는 레갑의 아들 말기야가 중수하여 문을 세우며 문짝을 달고 자물쇠와 빗장을 갖추었고
15 샘문은 미스바 지방을 다스리는 골호세의 아들 살룬이 중수하여 문을 세우고 덮었으며 문짝을 달고 자물쇠와 빗장을 갖추고 또 왕의 동산 근처 셀라 못 가의 성벽을 중수하여 다윗 성에서 내려오는 층계까지 이르렀고
16 그 다음은 벧술 지방 절반을 다스리는 아스북의 아들 느헤미야가 중수하여 다윗의 묘실과 마주 대한 곳에 이르고 또 파서 만든 못을 지나 용사의 집까지 이르렀고
17 그 다음은 레위 사람 바니의 아들 르훔이 중수하였고 그 다음은 그일라 지방 절반을 다스리는 하사뱌가 그 지방을 대표하여 중수하였고

*히, 암마

18 그 다음은 그들의 형제들 가운데 그일라 지방 절반을 다스리는 헤나닷의 아들 바왜가 중수하였고
19 그 다음은 미스바를 다스리는 예수아의 아들 에셀이 한 부분을 중수하여 성 굽이에 있는 군기고 맞은편까지 이르렀고
20 그 다음은 삽배의 아들 바룩이 한 부분을 힘써 중수하여 성 굽이에서부터 대제사장 엘리아십의 집 문에 이르렀고
21 그 다음은 학고스의 손자 우리야의 아들 므레못이 한 부분을 중수하여 엘리아십의 집 문에서부터 엘리아십의 집 모퉁이에 이르렀고
22 그 다음은 평지에 사는 제사장들이 중수하였고
23 그 다음은 베냐민과 핫숩이 자기 집 맞은편 부분을 중수하였고 그 다음은 아나냐의 손자 마아세야의 아들 아사랴가 자기 집에서 가까운 부분을 중수하였고
24 그 다음은 헤나닷의 아들 빈누이가 한 부분을 중수하되 아사랴의 집에서부터 성 굽이를 지나 성 모퉁이에 이르렀고
25 우새의 아들 발랄은 성 굽이 맞은편과 왕의 윗 궁에서 내민 망대 맞은편 곧 시위청에서 가까운 부분을 중수하였고 그 다음은 바로스의 아들 브다야가 중수하였고
26 (그 때에 느디님 사람은 오벨에 거주하여 동쪽 수문과 마주 대한 곳에서부터 내민 망대까지 이르렀느니라)
27 그 다음은 드고아 사람들이 한 부분을 중수하여 내민 큰 망대와 마주 대한 곳에서부터 오벨 성벽까지 이르렀느니라
28 마문 위로부터는 제사장들이 각각 자기 집과 마주 대한 부분을 중수하였고
29 그 다음은 임멜의 아들 사독이 자기 집과 마주 대한 부분을 중수하였고 그 다음은 동문지기 스가냐의 아들 스마야가 중수하였고
30 그 다음은 셀레먀의 아들 하나냐와 살랍의 여섯째 아들 하눈이 한 부분을 중수하였고 그 다음은 베레갸의 아들 므술람이 자기의 방과 마주 대한 부분을 중수하였고
31 그 다음은 금장색 말기야가 함밉갓 문과 마주 대한 부분을 중수하여 느디님 사람과 상인들의 집에서부터 성 모퉁이 성루에 이르렀고
32 성 모퉁이 성루에서 양문까지는 금장색과 상인들이 중수하였느니라

제 4 장
방해를 물리치다

1 산발랏이 우리가 성을 건축한다 함을 듣고 크게 분노하여 유다 사람들을 비웃으며
2 자기 형제들과 사마리아 군대 앞에서 일러 말하되 이 미약한 유다 사람들이 하는 일이 무엇인가, 스스로 견고하게 하려는가, 제사를 드리려는가, 하루에 일을 마치려는가 불탄 돌을 흙 무더기에서 다시 일으키려는가 하고
3 암몬 사람 도비야는 곁에 있다가 이르되 그들이 건축하는 돌 성벽은 여우가 올라가도 곧 무너지리라 하더라
4 우리 하나님이여 들으시옵소서 우리가 업신여김을 당하나이다 원하건대 그들이 욕하는 것을 자기들의 머리에 돌리사 노략거리가 되어 이방에 사로잡히게 하시고
5 주 앞에서 그들의 악을 덮어 두지 마시며 그들의 죄를 도말하지 마옵소서 그들이 건축하는 자 앞에서 주를 노하시게 하였음이니이다 하고
6 이에 우리가 성을 건축하여 전부가 연결되고 높이가 절반에 이르렀으니 이는 백성이 마음 들여 일을 하였음이니라
7 산발랏과 도비야와 아라비아 사람들과 암몬 사람들과 아스돗 사람들이 예루살렘 성이 중수되어 그 허물어진 틈이 메꾸어져 간다 함을 듣고 심히 분노하여
8 다 함께 꾀하기를 예루살렘으로 가서 치고 그 곳을 요란하게 하자 하기로
9 우리가 우리 하나님께 기도하며 그들로 말미암아 파수꾼을 두어 주야로 방비하는데
10 유다 사람들은 이르기를 흙 무더기가 아직도 많거늘 짐을 나르는 자의 힘이 다 빠졌으니 우리가 성을 건축하지 못하리라 하고
11 우리의 원수들은 이르기를 그들이 알지 못하고 보지 못하는 사이에 우리가 그들 가운데 달려 들어가서 살륙하여 역사를 그치게 하리라 하고
12 그 원수들의 근처에 거주하는 유다 사람들도 그 각처에서 와서 열 번이나 우리에게 말하기를 너희가 우리에게로 와야 하리라 하기로
13 내가 성벽 뒤의 낮고 넓은 곳에 백성이 그들의 종족을 따라 칼과 창과 활을 가지고 서 있게 하고

14 내가 돌아본 후에 일어나서 귀족들과 민장들과 남은 백성에게 말하기를 너희는 그들을 두려워하지 말고 지극히 크시고 두려우신 주를 기억하고 너희 형제와 자녀와 아내와 집을 위하여 싸우라 하였느니라
15 우리의 대적이 우리가 그들의 의도를 눈치챘다 함을 들으니라 하나님이 그들의 꾀를 폐하셨으므로 우리가 다 성에 돌아와서 각각 일하였는데
16 그 때로부터 내 수하 사람들의 절반은 일하고 절반은 갑옷을 입고 창과 방패와 활을 가졌고 민장은 유다 온 족속의 뒤에 있었으며
17 성을 건축하는 자와 짐을 나르는 자는 다 각각 한 손으로 일을 하며 한 손에는 병기를 잡았는데
18 건축하는 자는 각각 허리에 칼을 차고 건축하며 나팔 부는 자는 내 곁에 섰었느니라
19 내가 귀족들과 민장들과 남은 백성에게 이르기를 이 공사는 크고 넓으므로 우리가 성에서 떨어져 거리가 먼즉
20 너희는 어디서든지 나팔 소리를 듣거든 그리로 모여서 우리에게로 나아오라 우리 하나님이 우리를 위하여 싸우시리라 하였느니라
21 우리가 이같이 공사하는데 무리의 절반은 동틀 때부터 별이 나기까지 창을 잡았으며
22 그 때에 내가 또 백성에게 말하기를 사람마다 그 종자와 함께 예루살렘 안에서 잘지니 밤에는 우리를 위하여 파수하겠고 낮에는 일하리라 하고
23 나나 내 형제들이나 종자들이나 나를 따라 파수하는 사람들이나 우리가 다 우리의 옷을 벗지 아니하였으며 물을 길으러 갈 때에도 각각 병기를 잡았느니라

제 5 장
가난한 백성이 부르짖다

1 그 때에 백성들이 그들의 아내와 함께 크게 부르짖어 그들의 형제인 유다 사람들을 원망하는데
2 어떤 사람은 말하기를 우리와 우리 자녀가 많으니 양식을 얻어 먹고 살아야 하겠다 하고
3 어떤 사람은 말하기를 우리가 밭과 포도원과 집이라도 저당 잡히고 이 흉년에 곡식을 얻자 하고
4 어떤 사람은 말하기를 우리는 밭과 포도원으로 돈을 빚내서 왕에게 세금

을 바쳤도다
5 　우리 육체도 우리 형제의 육체와 같고 우리 자녀도 그들의 자녀와 같거 늘 이제 우리 자녀를 종으로 파는도다 우리 딸 중에 벌써 종된 자가 있고 우리의 밭과 포도원이 이미 남의 것이 되었으나 우리에게는 아무런 힘이 없도다 하더라
6 　내가 백성의 부르짖음과 이런 말을 듣고 크게 노하였으나
7 　깊이 생각하고 귀족들과 민장들을 꾸짖어 그들에게 이르기를 너희가 각 기 형제에게 높은 이자를 취하는도다 하고 대회를 열고 그들을 쳐서
8 　그들에게 이르기를 우리는 이방인의 손에 팔린 우리 형제 유다 사람들을 우리의 힘을 다하여 도로 찾았거늘 너희는 너희 형제를 팔고자 하느냐 더구나 우리의 손에 팔리게 하겠느냐 하매 그들이 잠잠하여 말이 없기로
9 　내가 또 이르기를 너희의 소행이 좋지 못하도다 우리의 대적 이방 사람 의 비방을 생각하고 우리 하나님을 경외하는 가운데 행할 것이 아니냐
10 　나와 내 형제와 종자들도 역시 돈과 양식을 백성에게 꾸어 주었거니와 우리가 그 이자 받기를 그치자
11 　그런즉 너희는 그들에게 오늘이라도 그들의 밭과 포도원과 감람원과 집 이며 너희가 꾸어 준 돈이나 양식이나 새 포도주나 기름의 백분의 일을 돌려보내라 하였더니
12 　그들이 말하기를 우리가 당신의 말씀대로 행하여 돌려보내고 그들에게 서 아무것도 요구하지 아니하리이다 하기로 내가 제사장들을 불러 그들 에게 그 말대로 행하겠다고 맹세하게 하고
13 　내가 옷자락을 털며 이르기를 이 말대로 행하지 아니하는 자는 모두 하 나님이 또한 이와 같이 그 집과 산업에서 털어 버리실지니 그는 곧 이렇 게 털려서 빈손이 될지로다 하매 회중이 다 아멘 하고 여호와를 찬송하 고 백성들이 그 말한 대로 행하였느니라

느헤미야가 총독의 녹을 받지 아니하다

14 　또한 유다 땅 총독으로 세움을 받은 때 곧 아닥사스다 왕 제이십년부터 제삼십이년까지 십이 년 동안은 나와 내 형제들이 총독의 녹을 먹지 아 니하였느니라
15 　나보다 먼저 있었던 총독들은 백성에게서, 양식과 포도주와 또 은 사십 세겔을 그들에게서 빼앗았고 또한 그들의 종자들도 백성을 압제하였으

나 나는 하나님을 경외하므로 이같이 행하지 아니하고
16 도리어 이 성벽 공사에 힘을 다하며 땅을 사지 아니하였고 내 모든 종자들도 모여서 일을 하였으며
17 또 내 상에는 유다 사람들과 민장들 백오십 명이 있고 그 외에도 우리 주위에 있는 이방 족속들 중에서 우리에게 나아온 자들이 있었는데
18 매일 나를 위하여 소 한 마리와 살진 양 여섯 마리를 준비하며 닭도 많이 준비하고 열흘에 한 번씩은 각종 포도주를 갖추었나니 비록 이같이 하였을지라도 내가 총독의 녹을 요구하지 아니하였음은 이 백성의 부역이 중함이었더라
19 내 하나님이여 내가 이 백성을 위하여 행한 모든 일을 기억하사 내게 은혜를 베푸시옵소서

제 6 장
느헤미야에 대한 음모

1 산발랏과 도비야와 아라비아 사람 게셈과 그 나머지 우리의 원수들이 내가 성벽을 건축하여 허물어진 틈을 남기지 아니하였다 함을 들었는데 그때는 내가 아직 성문에 문짝을 달지 못한 때였더라
2 산발랏과 게셈이 내게 사람을 보내어 이르기를 오라 우리가 오노 평지한 촌에서 서로 만나자 하니 실상은 나를 해하고자 함이었더라
3 내가 곧 그들에게 사자들을 보내어 이르기를 내가 이제 큰 역사를 하니 내려가지 못하겠노라 어찌하여 역사를 중지하게 하고 너희에게로 내려가겠느냐 하매
4 그들이 네 번이나 이같이 내게 사람을 보내되 나는 꼭 같이 대답하였더니
5 산발랏이 다섯 번째는 그 종자의 손에 봉하지 않은 편지를 들려 내게 보냈는데
6 그 글에 이르기를 이방 중에도 소문이 있고 가스무도 말하기를 너와 유다 사람들이 모반하려 하여 성벽을 건축한다 하나니 네가 그 말과 같이 왕이 되려 하는도다
7 또 네가 선지자를 세워 예루살렘에서 너를 들어 선전하기를 유다에 왕이 있다 하게 하였으니 지금 이 말이 왕에게 들릴지라 그런즉 너는 이제 오라 함께 의논하자 하였기로

8   내가 사람을 보내어 그에게 이르기를 네가 말한 바 이런 일은 없는 일이요 네 마음에서 지어낸 것이라 하였나니
9   이는 그들이 다 우리를 두렵게 하고자 하여 말하기를 그들의 손이 피곤하여 역사를 중지하고 이루지 못하리라 함이라 이제 내 손을 힘있게 하옵소서 하였노라
10 이 후에 므헤다벨의 손자 들라야의 아들 스마야가 두문불출 하기로 내가 그 집에 가니 그가 이르기를 그들이 너를 죽이러 올 터이니 우리가 하나님의 전으로 가서 외소 안에 머물고 그 문을 닫자 저들이 반드시 밤에 와서 너를 죽이리라 하기로
11 내가 이르기를 나 같은 자가 어찌 도망하며 나 같은 몸이면 누가 외소에 들어가서 생명을 보존하겠느냐 나는 들어가지 않겠노라 하고
12 깨달은즉 그는 하나님께서 보내신 바가 아니라 도비야와 산발랏에게 뇌물을 받고 내게 이런 예언을 함이라
13 그들이 뇌물을 준 까닭은 나를 두렵게 하고 이렇게 함으로 범죄하게 하고 악한 말을 지어 나를 비방하려 함이었느니라
14 내 하나님이여 도비야와 산발랏과 여선지 노아댜와 그 남은 선지자들 곧 나를 두렵게 하고자 한 자들의 소행을 기억하옵소서 하였노라

성벽 공사가 끝나다

15 성벽 역사가 오십이 일 만인 엘룰월 이십오일에 끝나매
16 우리의 모든 대적과 주위에 있는 이방 족속들이 이를 듣고 다 두려워하여 크게 낙담하였으니 그들이 우리 하나님께서 이 역사를 이루신 것을 앎이니라
17 또한 그 때에 유다의 귀족들이 여러 번 도비야에게 편지하였고 도비야의 편지도 그들에게 이르렀으니
18 도비야는 아라의 아들 스가냐의 사위가 되었고 도비야의 아들 여호하난도 베레야의 아들 므술람의 딸을 아내로 맞이하였으므로 유다에서 그와 동맹한 자가 많음이라
19 그들이 도비야의 선행을 내 앞에 말하고 또 내 말도 그에게 전하매 도비야가 내게 편지하여 나를 두렵게 하고자 하였느니라

제 7 장
느헤미야가 지도자들을 세우다

1 성벽이 건축되매 문짝을 달고 문지기와 노래하는 자들과 레위 사람들을 세운 후에
2 내 아우 하나니와 영문의 관원 하나냐가 함께 예루살렘을 다스리게 하였는데 하나냐는 충성스러운 사람이요 하나님을 경외함이 무리 중에서 뛰어난 자라
3 내가 그들에게 이르기를 해가 높이 뜨기 전에는 예루살렘 성문을 열지 말고 아직 파수할 때에 곧 문을 닫고 빗장을 지르며 또 예루살렘 주민이 각각 자기가 지키는 곳에서 파수하되 자기 집 맞은편을 지키게 하라 하였노니
4 그 성읍은 광대하고 그 주민은 적으며 가옥은 미처 건축하지 못하였음이니라

포로에서 돌아온 사람들(스 2:1-70)

5 내 하나님이 내 마음을 감동하사 귀족들과 민장들과 백성을 모아 그 계보대로 등록하게 하시므로 내가 처음으로 돌아온 자의 계보를 얻었는데 거기에 기록된 것을 보면
6 옛적에 바벨론 왕 느부갓네살에게 사로잡혀 갔던 자들 중에서 놓임을 받고 예루살렘과 유다에 돌아와 각기 자기들의 성읍에 이른 자들 곧
7 스룹바벨과 예수아와 느헤미야와 아사랴와 라아먀와 나하마니와 모르드개와 빌산과 미스베렛과 비그왜와 느훔과 바아나와 함께 나온 이스라엘 백성의 명수가 이러하니라
8 바로스 자손이 이천 백칠십이 명이요
9 스바댜 자손이 삼백칠십이 명이요
10 아라 자손이 육백오십이 명이요
11 바핫모압 자손 곧 예수아와 요압 자손이 이천팔백십팔 명이요
12 엘람 자손이 천이백오십사 명이요
13 삿두 자손이 팔백사십오 명이요
14 삭개 자손이 칠백육십 명이요
15 빈누이 자손이 육백사십팔 명이요

16	브배 자손이 육백이십팔 명이요
17	아스갓 자손이 이천삼백이십이 명이요
18	아도니감 자손이 육백육십칠 명이요
19	비그왜 자손이 이천육십칠 명이요
20	아딘 자손이 육백오십오 명이요
21	아델 자손 곧 히스기야 자손이 구십팔 명이요
22	하숨 자손이 삼백이십팔 명이요
23	베새 자손이 삼백이십사 명이요
24	하립 자손이 백십이 명이요
25	기브온 사람이 구십오 명이요
26	베들레헴과 느도바 사람이 백팔십팔 명이요
27	아나돗 사람이 백이십팔 명이요
28	**벧아스마웻** 사람이 사십이 명이요
29	기럇여아림과 그비라와 브에롯 사람이 칠백사십삼 명이요
30	라마와 게바 사람이 육백이십일 명이요
31	믹마스 사람이 백이십이 명이요
32	벧엘과 아이 사람이 백이십삼 명이요
33	기타 느보 사람이 오십이 명이요
34	기타 엘람 자손이 천이백오십사 명이요
35	하림 자손이 삼백이십 명이요
36	여리고 자손이 삼백사십오 명이요
37	로드와 하딧과 오노 자손이 칠백이십일 명이요
38	스나아 자손이 삼천 구백삼십 명이었느니라
39	제사장들은 예수아의 집 여다야 자손이 구백칠십삼 명이요
40	임멜 자손이 천오십이 명이요
41	바스훌 자손이 천이백사십칠 명이요
42	하림 자손이 천십칠 명이었느니라
43	레위 사람들은 호드야 자손 곧 예수아와 갓미엘 자손이 칠십사 명이요
44	노래하는 자들은 아삽 자손이 백사십팔 명이요
45	문지기들은 살룸 자손과 아델 자손과 달문 자손과 악굽 자손과 하디다 자손과 소배 자손이 모두 백삼십팔 명이었느니라
46	느디님 사람들은 시하 자손과 하수바 자손과 답바옷 자손과
47	게로스 자손과 시아 자손과 바돈 자손과

48 르바나 자손과 하가바 자손과 살매 자손과
49 하난 자손과 깃델 자손과 가할 자손과
50 르아야 자손과 르신 자손과 느고다 자손과
51 갓삼 자손과 웃사 자손과 바세아 자손과
52 베새 자손과 므우님 자손과 느비스심 자손과
53 박북 자손과 하그바 자손과 할훌 자손과
54 바슬릿 자손과 므히다 자손과 하르사 자손과
55 바르고스 자손과 시스라 자손과 데마 자손과
56 느시야 자손과 하디바 자손이었느니라
57 솔로몬의 신하의 자손은 소대 자손과 소베렛 자손과 브리다 자손과
58 야알라 자손과 다르곤 자손과 깃델 자손과
59 스바댜 자손과 핫딜 자손과 보게렛하스바임 자손과 아몬 자손이니
60 모든 느디님 사람과 솔로몬의 신하의 자손이 삼백구십이 명이었느니라
61 델멜라와 델하르사와 그룹과 앗돈과 임멜로부터 올라온 자가 있으나 그들의 종족이나 계보가 이스라엘에 속하였는지는 증거할 수 없으니
62 그들은 들라야 자손과 도비야 자손과 느고다 자손이라 모두가 육백사십이 명이요
63 제사장 중에는 호바야 자손과 학고스 자손과 바르실래 자손이니 바르실래는 길르앗 사람 바르실래의 딸 중의 하나로 아내를 삼고 바르실래의 이름으로 불린 자라
64 이 사람들은 계보 중에서 자기 이름을 찾아도 찾지 못하였으므로 그들을 부정하게 여겨 제사장의 직분을 행하지 못하게 하고
65 총독이 그들에게 명령하여 우림과 둠밈을 가진 제사장이 일어나기 전에는 지성물을 먹지 말라 하였느니라
66 온 회중의 합계는 사만 이천삼백육십 명이요
67 그 외에 노비가 칠천삼백삼십칠 명이요 그들에게 노래하는 남녀가 이백사십오 명이 있었고
68 말이 칠백삼십육 마리요 노새가 이백사십오 마리요
69 낙타가 사백삼십오 마리요 나귀가 육천칠백이십 마리였느니라
70 어떤 족장들은 역사를 위하여 보조하였고 총독은 금 천 드라크마와 대접 오십과 제사장의 의복 오백삼십 벌을 보물 곳간에 드렸고
71 또 어떤 족장들은 금 이만 드라크마와 은 이천이백 *마네를 역사 곳간에 드렸고

느헤미야 읽기 231

72 그 나머지 백성은 금 이만 드라크마와 은 이천 마네와 제사장의 의복 육십칠 벌을 드렸느니라

백성 앞에서 율법책을 읽다

73 이와 같이 제사장들과 레위 사람들과 문지기들과 노래하는 자들과 백성 몇 명과 느디님 사람들과 온 이스라엘 자손이 다 자기들의 성읍에 거주하였느니라

제 8 장

1 이스라엘 자손이 자기들의 성읍에 거주하였더니 일곱째 달에 이르러 모든 백성이 일제히 수문 앞 광장에 모여 *학사 에스라에게 여호와께서 이스라엘에게 명령하신 모세의 율법책을 가져오기를 청하매
2 일곱째 달 초하루에 제사장 에스라가 율법책을 가지고 회중 앞 곧 남자나 여자나 알아들을 만한 모든 사람 앞에 이르러
3 수문 앞 광장에서 새벽부터 정오까지 남자나 여자나 알아들을 만한 모든 사람 앞에서 읽으매 뭇 백성이 그 율법책에 귀를 기울였는데
4 그 때에 학사 에스라가 특별히 지은 나무 강단에 서고 그의 곁 오른쪽에 선 자는 맛디댜와 스마와 아나야와 우리야와 힐기야와 마아세야요 그의 왼쪽에 선 자는 브다야와 미사엘과 말기야와 하숨과 하스밧다나와 스가랴와 므술람이라
5 에스라가 모든 백성 위에 서서 그들 목전에 책을 펴니 책을 펼 때에 모든 백성이 일어서니라
6 에스라가 위대하신 하나님 여호와를 송축하매 모든 백성이 손을 들고 아멘 아멘 하고 응답하고 몸을 굽혀 얼굴을 땅에 대고 여호와께 경배하니라
7 예수아와 바니와 세레뱌와 야민과 악굽과 사브대와 호디야와 마아세야와 그리다와 아사랴와 요사밧과 하난과 블라야와 레위 사람들은 백성이 제자리에 서 있는 동안 그들에게 율법을 깨닫게 하였는데
8 하나님의 율법책을 낭독하고 그 뜻을 해석하여 백성에게 그 낭독하는 것

* 1마네는 50세겔
* 히, 서기관

	을 다 깨닫게 하니
9	백성이 율법의 말씀을 듣고 다 우는지라 총독 느헤미야와 제사장 겸 학사 에스라와 백성을 가르치는 레위 사람들이 모든 백성에게 이르기를 오늘은 너희 하나님 여호와의 성일이니 슬퍼하지 말며 울지 말라 하고
10	느헤미야가 또 그들에게 이르기를 너희는 가서 살진 것을 먹고 단 것을 마시되 준비하지 못한 자에게는 나누어 주라 이 날은 우리 주의 성일이니 근심하지 말라 여호와로 인하여 기뻐하는 것이 너희의 힘이니라 하고
11	레위 사람들도 모든 백성을 정숙하게 하여 이르기를 오늘은 성일이니 마땅히 조용하고 근심하지 말라 하니
12	모든 백성이 곧 가서 먹고 마시며 나누어 주고 크게 즐거워하니 이는 그들이 그 읽어 들려 준 말을 밝히 앎이라
13	그 이튿날 뭇 백성의 족장들과 제사장들과 레위 사람들이 율법의 말씀을 밝히 알고자 하여 학사 에스라에게 모여서
14	율법에 기록된 바를 본즉 여호와께서 모세를 통하여 명령하시기를 이스라엘 자손은 일곱째 달 절기에 초막에서 거할지니라 하였고
15	또 일렀으되 모든 성읍과 예루살렘에 공포하여 이르기를 너희는 산에 가서 감람나무 가지와 들감람나무 가지와 화석류나무 가지와 종려나무 가지와 기타 무성한 나무 가지를 가져다가 기록한 바를 따라 초막을 지으라 하라 한지라
16	백성이 이에 나가서 나뭇가지를 가져다가 혹은 지붕 위에, 혹은 뜰 안에, 혹은 하나님의 전 뜰에, 혹은 수문 광장에, 혹은 에브라임 문 광장에 초막을 짓되
17	사로잡혔다가 돌아온 회중이 다 초막을 짓고 그 안에서 거하니 눈의 아들 여호수아 때로부터 그 날까지 이스라엘 자손이 이같이 행한 일이 없었으므로 이에 크게 기뻐하며
18	에스라는 첫날부터 끝날까지 날마다 하나님의 율법책을 낭독하고 무리가 이레 동안 절기를 지키고 여덟째 날에 규례를 따라 성회를 열었느니라

제 9 장
백성들이 죄를 자복하다

1	그 달 스무나흘 날에 이스라엘 자손이 다 모여 금식하며 굵은 베 옷을 입

느헤미야 읽기 233

고 티끌을 무릅쓰며

2　모든 이방 사람들과 절교하고 서서 자기의 죄와 조상들의 허물을 자복하고

3　이 날에 낮 사분의 일은 그 제자리에 서서 그들의 하나님 여호와의 율법책을 낭독하고 낮 사분의 일은 죄를 자복하며 그들의 하나님 여호와께 경배하는데

4　레위 사람 예수아와 바니와 갓미엘과 스바냐와 분니와 세레뱌와 바니와 그나니는 단에 올라서서 큰 소리로 그들의 하나님 여호와께 부르짖고

5　또 레위 사람 예수아와 갓미엘과 바니와 하삽느야와 세레뱌와 호디야와 스바냐와 브다히야는 이르기를 너희 무리는 마땅히 일어나 영원부터 영원까지 계신 너희 하나님 여호와를 송축할지어다 주여 주의 영화로운 이름을 송축하올 것은 주의 이름이 존귀하여 모든 송축이나 찬양에서 뛰어남이니이다

6　오직 주는 여호와시라 하늘과 하늘들의 하늘과 일월 성신과 땅과 땅 위의 만물과 바다와 그 가운데 모든 것을 지으시고 다 보존하시오니 모든 천군이 주께 경배하나이다

7　주는 하나님 여호와시라 옛적에 아브람을 택하시고 갈대아 우르에서 인도하여 내시고 아브라함이라는 이름을 주시고

8　그의 마음이 주 앞에서 충성됨을 보시고 그와 더불어 언약을 세우사 가나안 족속과 헷 족속과 아모리 족속과 브리스 족속과 여부스 족속과 기르가스 족속의 땅을 그의 씨에게 주리라 하시더니 그 말씀대로 이루셨사오매 주는 의로우심이로소이다

9　주께서 우리 조상들이 애굽에서 고난 받는 것을 감찰하시며 홍해에서 그들의 부르짖음을 들으시고

10　이적과 기사를 베푸사 바로와 그의 모든 신하와 그의 나라 온 백성을 치셨사오니 이는 그들이 우리의 조상들에게 교만하게 행함을 아셨음이라 주께서 오늘과 같이 명예를 얻으셨나이다

11　또 주께서 우리 조상들 앞에서 바다를 갈라지게 하사 그들이 바다 가운데를 육지 같이 통과하게 하시고 쫓아오는 자들을 돌을 큰 물에 던짐 같이 깊은 물에 던지시고

12　낮에는 구름 기둥으로 인도하시고 밤에는 불 기둥으로 그들이 행할 길을 그들에게 비추셨사오며

13　또 시내 산에 강림하시고 하늘에서부터 그들과 말씀하사 정직한 규례와

14 진정한 율법과 선한 율례와 계명을 그들에게 주시고
거룩한 안식일을 그들에게 알리시며 주의 종 모세를 통하여 계명과 율례와 율법을 그들에게 명령하시고
15 그들의 굶주림 때문에 그들에게 양식을 주시며 그들의 목마름 때문에 그들에게 반석에서 물을 내시고 또 주께서 옛적에 손을 들어 맹세하시고 주겠다고 하신 땅을 들어가서 차지하라 말씀하셨사오나
16 그들과 우리 조상들이 교만하고 목을 굳게 하여 주의 명령을 듣지 아니하고
17 거역하며 주께서 그들 가운데에서 행하신 기사를 기억하지 아니하고 목을 굳게 하며 패역하여 스스로 한 우두머리를 세우고 종 되었던 땅으로 돌아가고자 하였나이다 그러나 주께서는 용서하시는 하나님이시라 은혜로우시며 긍휼히 여기시며 더디 노하시며 인자가 풍부하시므로 그들을 버리지 아니하셨나이다
18 또 그들이 자기들을 위하여 송아지를 부어 만들고 이르기를 이는 곧 너희를 인도하여 애굽에서 나오게 한 신이라 하여 하나님을 크게 모독하였사오나
19 주께서는 주의 크신 긍휼로 그들을 광야에 버리지 아니하시고 낮에는 구름 기둥이 그들에게서 떠나지 아니하고 길을 인도하며 밤에는 불 기둥이 그들이 갈 길을 비추게 하셨사오며
20 또 주의 선한 영을 주사 그들을 가르치시며 주의 만나가 그들의 입에서 끊어지지 않게 하시고 그들의 목마름을 인하여 그들에게 물을 주어
21 사십 년 동안 들에서 기르시되 부족함이 없게 하시므로 그 옷이 해어지지 아니하였고 발이 부르트지 아니하였사오며
22 또 나라들과 족속들을 그들에게 각각 나누어 주시매 그들이 시혼의 땅 곧 헤스본 왕의 땅과 바산 왕 옥의 땅을 차지하였나이다
23 주께서 그들의 자손을 하늘의 별같이 많게 하시고 전에 그들의 열조에게 들어가서 차지하라고 말씀하신 땅으로 인도하여 이르게 하셨으므로
24 그 자손이 들어가서 땅을 차지하되 주께서 그 땅 가나안 주민들이 그들 앞에 복종하게 하실 때에 가나안 사람들과 그들의 왕들과 본토 여러 족속들을 그들의 손에 넘겨 임의로 행하게 하시매
25 그들이 견고한 성읍들과 기름진 땅을 점령하고 모든 아름다운 물건이 가득한 집과 판 우물과 포도원과 감람원과 허다한 과목을 차지하여 배불리 먹어 살찌고 주의 큰 복을 즐겼사오나

26 그들은 순종하지 아니하고 주를 거역하며 주의 율법을 등지고 주께로 돌아오기를 권면하는 선지자들을 죽여 주를 심히 모독하였나이다
27 그러므로 주께서 그들을 대적의 손에 넘기사 그들이 곤고를 당하게 하시매 그들이 환난을 당하여 주께 부르짖을 때에 주께서 하늘에서 들으시고 주의 크신 긍휼로 그들에게 구원자들을 주어 그들을 대적의 손에서 구원하셨거늘
28 그들이 평강을 얻은 후에 다시 주 앞에서 악을 행하므로 주께서 그들을 원수들의 손에 버려 두사 원수들에게 지배를 당하게 하시다가 그들이 돌이켜 주께 부르짖으매 주께서 하늘에서 들으시고 여러 번 주의 긍휼로 건져내시고
29 다시 주의 율법을 복종하게 하시려고 그들에게 경계하셨으나 그들이 교만하여 사람이 준행하면 그 가운데에서 삶을 얻는 주의 계명을 듣지 아니하며 주의 규례를 범하여 고집하는 어깨를 내밀며 목을 굳게 하여 듣지 아니하였나이다
30 그러나 주께서 그들을 여러 해 동안 참으시고 또 주의 선지자들을 통하여 주의 영으로 그들을 경계하시되 그들이 듣지 아니하므로 열방 사람들의 손에 넘기시고도
31 주의 크신 긍휼로 그들을 아주 멸하지 아니하시며 버리지도 아니하셨사오니 주는 은혜로우시고 불쌍히 여기시는 하나님이심이니이다
32 우리 하나님이여 광대하시고 능하시고 두려우시며 언약과 인자하심을 지키시는 하나님이여 우리와 우리 왕들과 방백들과 제사장들과 선지자들과 조상들과 주의 모든 백성이 앗수르 왕들의 때로부터 오늘까지 당한 모든 환난을 이제 작게 여기지 마옵소서
33 그러나 우리가 당한 모든 일에 주는 공의로우시니 우리는 악을 행하였사오나 주께서는 진실하게 행하셨음이니이다
34 우리 왕들과 방백들과 제사장들과 조상들이 주의 율법을 지키지 아니하며 주의 명령과 주께서 그들에게 경계하신 말씀을 순종하지 아니하고
35 그들이 그 나라와 주께서 그들에게 베푸신 큰 복과 자기 앞에 주신 넓고 기름진 땅을 누리면서도 주를 섬기지 아니하며 악행을 그치지 아니하였으므로
36 우리가 오늘날 종이 되었는데 곧 주께서 우리 조상들에게 주사 그것의 열매를 먹고 그것의 아름다운 소산을 누리게 하신 땅에서 우리가 종이 되었나이다

37 우리의 죄로 말미암아 주께서 우리 위에 세우신 이방 왕들이 이 땅의 많은 소산을 얻고 그들이 우리의 몸과 가축을 임의로 관할하오니 우리의 곤란이 심하오며
38 우리가 이 모든 일로 말미암아 이제 견고한 언약을 세워 기록하고 우리의 방백들과 레위 사람들과 제사장들이 다 인봉하나이다 하였느니라

제 10 장
언약에 인봉한 사람들

1 그 인봉한 자는 하가랴의 아들 총독 느헤미야와 시드기야,
2 스라야, 아사랴, 예레미야,
3 바스훌, 아마랴, 말기야,
4 핫두스, 스바냐, 말룩,
5 하림, 므레못, 오바댜,
6 다니엘, 긴느돈, 바룩,
7 므술람, 아비야, 미야민,
8 마아시야, 빌개, 스마야이니 이는 제사장들이요
9 또 레위 사람 곧 아사냐의 아들 예수아, 헤나닷의 자손 중 빈누이, 갓미엘과
10 그의 형제 스바냐, 호디야, 그리다, 블라야, 하난,
11 미가, 르훔, 하사뱌,
12 삭굴, 세레뱌, 스바냐,
13 호디야, 바니, 브니누요
14 또 백성의 우두머리들 곧 바로스, 바핫모압, 엘람, 삿두, 바니,
15 분니, 아스갓, 베배,
16 아도니야, 비그왜, 아딘,
17 아델, 히스기야, 앗술,
18 호디야, 하숨, 베새,
19 하립, 아나돗, 노배,
20 막비아스, 므술람, 헤실,
21 므세사벨, 사독, 얏두아,
22 블라댜, 하난, 아나야,
23 호세아, 하나냐, 핫숩,

24 할르헤스, 빌하, 소벡,
25 르훔, 하삽나, 마아세야,
26 아히야, 하난, 아난,
27 말룩, 하림, 바아나이니라
28 그 남은 백성과 제사장들과 레위 사람들과 문지기들과 노래하는 자들과 느디님 사람들과 및 이방 사람과 절교하고 하나님의 율법을 준행하는 모든 자와 그들의 아내와 그들의 자녀들 곧 지식과 총명이 있는 자들은
29 다 그들의 형제 귀족들을 따라 저주로 맹세하기를 우리가 하나님의 종 모세를 통하여 주신 하나님의 율법을 따라 우리 주 여호와의 모든 계명과 규례와 율례를 지켜 행하여
30 우리의 딸들을 이 땅 백성에게 주지 아니하고 우리의 아들들을 위하여 그들의 딸들을 데려오지 아니하며
31 혹시 이 땅 백성이 안식일에 물품이나 온갖 곡물을 가져다가 팔려고 할지라도 우리가 안식일이나 성일에는 그들에게서 사지 않겠고 일곱째 해마다 땅을 쉬게 하고 모든 빚을 탕감하리라 하였고
32 우리가 또 스스로 규례를 정하기를 해마다 각기 세겔의 삼분의 일을 수납하여 하나님의 전을 위하여 쓰게 하되
33 곧 진설병과 항상 드리는 소제와 항상 드리는 번제와 안식일과 초하루와 정한 절기에 쓸 것과 성물과 이스라엘을 위하는 속죄제와 우리 하나님의 전의 모든 일을 위하여 쓰게 하였고
34 또 우리 제사장들과 레위 사람들과 백성들이 제비 뽑아 각기 종족대로 해마다 정한 시기에 나무를 우리 하나님의 전에 바쳐 율법에 기록한 대로 우리 하나님 여호와의 제단에 사르게 하였고
35 해마다 우리 토지 소산의 맏물과 각종 과목의 첫 열매를 여호와의 전에 드리기로 하였고
36 또 우리의 맏아들들과 가축의 처음 난 것과 소와 양의 처음 난 것을 율법에 기록된 대로 우리 하나님의 전으로 가져다가 우리 하나님의 전에서 섬기는 제사장들에게 주고
37 또 처음 익은 밀의 가루와 거제물과 각종 과목의 열매와 새 포도주와 기름을 제사장들에게로 가져다가 우리 하나님의 전의 여러 방에 두고 또 우리 산물의 십일조를 레위 사람들에게 주리라 하였나니 이 레위 사람들은 우리의 모든 성읍에서 산물의 십일조를 받는 자임이며
38 레위 사람들이 십일조를 받을 때에는 아론의 자손 제사장 한 사람이 함

39 께 있을 것이요 레위 사람들은 그 십일조의 십분의 일을 가져다가 우리 하나님의 전 곳간의 여러 방에 두되 곧 이스라엘 자손과 레위 자손이 거제로 드린 곡식과 새 포도주와 기름을 가져다가 성소의 그릇들을 두는 골방 곧 섬기는 제사장들과 문지기들과 노래하는 자들이 있는 골방에 둘 것이라 그리하여 우리가 우리 하나님의 전을 버려 두지 아니하리라

제 11 장
예루살렘에 거주하는 백성들

1 백성의 지도자들은 예루살렘에 거주하였고 그 남은 백성은 제비 뽑아 십분의 일은 거룩한 성 예루살렘에서 거주하게 하고 그 십분의 구는 다른 성읍에 거주하게 하였으며
2 예루살렘에 거주하기를 자원하는 모든 자를 위하여 백성들이 복을 빌었느니라
3 이스라엘과 제사장들과 레위 사람들과 느디님 사람들과 솔로몬의 신하들의 자손은 유다 여러 성읍에서 각각 자기 성읍 자기 기업에 거주하였느니라 예루살렘에 거주한 그 지방의 지도자들은 이러하니
4 예루살렘에 거주한 자는 유다 자손과 베냐민 자손 몇 명이라 유다 자손 중에는 베레스 자손 아다야이니 그는 웃시야의 아들이요 스가랴의 손자요 아마랴의 증손이요 스바댜의 현손이요 마할랄렐의 오대 손이며
5 또 마아세야니 그는 바룩의 아들이요 골호세의 손자요 하사야의 증손이요 아다야의 현손이요 요야립의 오대 손이요 스가랴의 육대 손이요 실로 사람의 칠대 손이라
6 예루살렘에 거주한 베레스 자손은 모두 사백육십팔 명이니 다 용사였느니라
7 베냐민 자손은 살루이니 그는 므술람의 아들이요 요엣의 손자요 브나야의 증손이요 골라야의 현손이요 마아세야의 오대 손이요 이디엘의 육대 손이요 여사야의 칠대 손이며
8 그 다음은 갑배와 살래 등이니 모두 구백이십팔 명이라
9 시그리의 아들 요엘이 그들의 감독이 되었고 핫스누아의 아들 유다는 버금이 되어 성읍을 다스렸느니라
10 제사장 중에는 요야립의 아들 여다야와 야긴이며

11 또 하나님의 전을 맡은 자 스라야이니 그는 힐기야의 아들이요 므술람의 손자요 사독의 증손이요 므라욧의 현손이요 아히둡의 오대 손이며
12 또 전에서 일하는 그들의 형제니 모두 팔백이십이 명이요 또 아다야이니 그는 여로함의 아들이요 블라야의 손자요 암시의 증손이요 스가랴의 현손이요 바스훌의 오대 손이요 말기야의 육대 손이며
13 또 그 형제의 족장된 자이니 모두 이백사십이 명이요 또 아맛새이니 그는 아사렐의 아들이요 아흐새의 손자요 므실레못의 증손이요 임멜의 현손이며
14 또 그들의 형제의 큰 용사들이니 모두 백이십팔 명이라 하그돌림의 아들 삽디엘이 그들의 감독이 되었느니라
15 레위 사람 중에는 스마야이니 그는 핫숩의 아들이요 아스리감의 손자요 하사뱌의 증손이요 분니의 현손이며
16 또 레위 사람의 족장 삽브대와 요사밧이니 그들은 하나님의 전 바깥 일을 맡았고
17 또 아삽의 증손 삽디의 손자 미가의 아들 맛다냐이니 그는 기도할 때에 감사하는 말씀을 인도하는 자가 되었고 형제 중에 박부갸가 버금이 되었으며 또 여두둔의 증손 갈랄의 손자 삼무아의 아들 압다니
18 거룩한 성에 레위 사람은 모두 이백팔십사 명이었느니라
19 성 문지기는 악굽과 달몬과 그 형제이니 모두 백칠십이 명이며
20 그 나머지 이스라엘 백성과 제사장과 레위 사람은 유다 모든 성읍에 흩어져 각각 자기 기업에 살았고
21 느디님 사람은 오벨에 거주하니 시하와 기스바가 그들의 책임자가 되었느니라
22 노래하는 자들인 아삽 자손 중 미가의 현손 맛다냐의 증손 하사뱌의 손자 바니의 아들 웃시는 예루살렘에 거주하는 레위 사람의 감독이 되어 하나님의 전 일을 맡아 다스렸으니
23 이는 왕의 명령대로 노래하는 자들에게 날마다 할 일을 정해 주었기 때문이며
24 유다의 아들 세라의 자손 곧 므세사벨의 아들 브다히야는 왕의 수하에서 백성의 일을 다스렸느니라

마을과 주변 동네들에 거주하는 백성들

25 마을과 들로 말하면 유다 자손의 일부는 기럇 아르바와 그 주변 동네들과 디본과 그 주변 동네들과 여갑스엘과 그 마을들에 거주하며
26 또 예수아와 몰라다와 벧벨렛과
27 하살수알과 브엘세바와 그 주변 동네들에 거주하며
28 또 시글락과 므고나와 그 주변 동네들에 거주하며
29 또 에느림몬과 소라와 야르뭇에 거주하며
30 또 사노아와 아둘람과 그 마을들과 라기스와 그 들판과 아세가와 그 주변 동네들에 살았으니 그들은 브엘세바에서부터 힌놈의 골짜기까지 장막을 쳤으며
31 또 베냐민 자손은 게바에서부터 믹마스와 아야와 벧엘과 그 주변 동네들에 거주하며
32 아나돗과 놉과 아나냐와
33 하솔과 라마와 깃다임과
34 하딧과 스보임과 느발랏과
35 로드와 오노와 장인들의 골짜기에 거주하였으며
36 유다에 있던 레위 사람의 일부는 베냐민과 합하였느니라

제 12 장
제사장과 레위 사람들

1 스알디엘의 아들 스룹바벨과 예수아와 함께 돌아온 제사장들과 레위 사람들은 이러하니라 제사장들은 스라야와 예레미야와 에스라와
2 아마랴와 말룩과 핫두스와
3 스가냐와 르훔과 므레못과
4 잇도와 긴느도이와 아비야와
5 미야민과 마아댜와 빌가와
6 스마야와 요야립과 여다야와
7 살루와 아목과 힐기야와 여다야니 이상은 예수아 때에 제사장들과 그들의 형제의 지도자들이었느니라

대제사장 예수아의 자손들

8   레위 사람들은 예수아와 빈누이와 갓미엘과 세레뱌와 유다와 맛다냐니 이 맛다냐는 그의 형제와 함께 찬송하는 일을 맡았고
9   또 그들의 형제 박부갸와 운노는 직무를 따라 그들의 맞은편에 있으며
10 예수아는 요야김을 낳고 요야김은 엘리아십을 낳고 엘리아십은 요야다를 낳고
11 요야다는 요나단을 낳고 요나단은 얏두아를 낳았느니라

제사장의 족장들

12 요야김 때에 제사장, 족장 된 자는 스라야 족속에는 므라야요 예레미야 족속에는 하나냐요
13 에스라 족속에는 므술람이요 아마랴 족속에는 여호하난이요
14 말루기 족속에는 요나단이요 스바냐 족속에는 요셉이요
15 하림 족속에는 아드나요 므라욧 족속에는 헬개요
16 잇도 족속에는 스가랴요 긴느돈 족속에는 므술람이요
17 아비야 족속에는 시그리요 미냐민 곧 모아댜 족속에는 빌대요
18 빌가 족속에는 삼무아요 스마야 족속에는 여호나단이요
19 요야립 족속에는 맛드내요 여다야 족속에는 웃시요
20 살래 족속에는 갈래요 아목 족속에는 에벨이요
21 힐기야 족속에는 하사뱌요 여다야 족속에는 느다넬이었느니라

제사장과 레위 사람들에 관한 기록

22 엘리아십과 요야다와 요하난과 얏두아 때에 레위 사람의 족장이 모두 책에 기록되었고 바사 왕 다리오 때에 제사장도 책에 기록되었고
23 레위 자손의 족장들은 엘리아십의 아들 요하난 때까지 역대지략에 기록되었으며
24 레위 족속의 지도자들은 하사뱌와 세레뱌와 갓미엘의 아들 예수아라 그들은 그들의 형제의 맞은편에 있어 하나님의 사람 다윗의 명령대로 순서를 따라 주를 찬양하며 감사하고
25 맛다냐와 박부갸와 오바댜와 므술람과 달몬과 악굽은 다 문지기로서 순

26 서대로 문안의 곳간을 파수하였나니
이상의 모든 사람들은 요사닥의 손자 예수아의 아들 요야김과 총독 느헤미야와 제사장 겸 학사 에스라 때에 있었느니라

느헤미야가 성벽을 봉헌하다

27 예루살렘 성벽을 봉헌하게 되니 각처에서 레위 사람들을 찾아 예루살렘으로 데려다가 감사하며 노래하며 제금을 치며 비파와 수금을 타며 즐거이 봉헌식을 행하려 하매
28 이에 노래하는 자들이 예루살렘 사방 들과 느도바 사람의 마을에서 모여들고
29 또 벧길갈과 게바와 아스마웻 들에서 모여들었으니 이 노래하는 자들은 자기들을 위하여 예루살렘 사방에 마을들을 이루었음이라
30 제사장들과 레위 사람들이 몸을 정결하게 하고 또 백성과 성문과 성벽을 정결하게 하니라
31 이에 내가 유다의 방백들을 성벽 위에 오르게 하고 또 감사 찬송하는 자의 큰 무리를 둘로 나누어 성벽 위로 대오를 지어 가게 하였는데 한 무리는 오른쪽으로 분문을 향하여 가게 하니
32 그들의 뒤를 따르는 자는 호세야와 유다 지도자의 절반이요
33 또 아사랴와 에스라와 므술람과
34 유다와 베냐민과 스마야와 예레미야이며
35 또 제사장의 자손 몇 사람이 나팔을 잡았으니 요나단의 아들 스마야의 손자 맛다냐의 증손 미가야의 현손 삭굴의 오대 손 아삽의 육대 손 스가랴와
36 그의 형제들인 스마야와 아사렐과 밀랄래와 길랄래와 마애와 느다넬과 유다와 하나니라 다 하나님의 사람 다윗의 악기를 잡았고 학사 에스라가 앞서서
37 샘문으로 전진하여 성벽으로 올라가는 곳에 이르러 다윗 성의 층계로 올라가서 다윗의 궁 윗 길에서 동쪽으로 향하여 수문에 이르렀고
38 감사 찬송하는 다른 무리는 왼쪽으로 행진하는데 내가 백성의 절반과 더불어 그 뒤를 따라 성벽 위로 가서 화덕 망대 윗 길로 성벽 넓은 곳에 이르고
39 에브라임 문 위로 옛문과 어문과 하나넬 망대와 함메아 망대를 지나 양

문에 이르러 감옥 문에 멈추매
40 이에 감사 찬송하는 두 무리가 하나님의 전에 섰고 또 나와 민장의 절반도 함께 하였고
41 제사장 엘리아김과 마아세야와 미냐민과 미가야와 엘료에내와 스가랴와 하나냐는 다 나팔을 잡았고
42 또 마아세야와 스마야와 엘르아살과 웃시와 여호하난과 말기야와 엘람과 에셀이 함께 있으며 노래하는 자는 크게 찬송하였는데 그 감독은 예스라히야라
43 이 날에 무리가 큰 제사를 드리고 심히 즐거워하였으니 이는 하나님이 크게 즐거워하게 하셨음이라 부녀와 어린 아이도 즐거워하였으므로 예루살렘이 즐거워하는 소리가 멀리 들렸느니라

제사장과 레위 사람에게 준 몫

44 그 날에 사람을 세워 곳간을 맡기고 제사장들과 레위 사람들에게 돌릴 것 곧 율법에 정한 대로 거제물과 처음 익은 것과 십일조를 모든 성읍 밭에서 거두어 이 곳간에 쌓게 하였노니 이는 유다 사람이 섬기는 제사장들과 레위 사람들로 말미암아 즐거워하기 때문이라
45 그들은 하나님을 섬기는 일과 결례의 일을 힘썼으며 노래하는 자들과 문지기들도 그러하여 모두 다윗과 그의 아들 솔로몬의 명령을 따라 행하였으니
46 옛적 다윗과 아삽의 때에는 노래하는 자의 지도자가 있어서 하나님께 찬송하는 노래와 감사하는 노래를 하였음이며
47 스룹바벨 때와 느헤미야 때에는 온 이스라엘이 노래하는 자들과 문지기들에게 날마다 쓸 몫을 주되 그들이 성별한 것을 레위 사람들에게 주고 레위 사람들은 그것을 또 성별하여 아론 자손에게 주었느니라

제 13 장
느헤미야의 개혁

1 그 날 모세의 책을 낭독하여 백성에게 들렸는데 그 책에 기록하기를 암몬 사람과 모압 사람은 영원히 하나님의 총회에 들어오지 못하리니
2 이는 그들이 양식과 물로 이스라엘 자손을 영접하지 아니하고 도리어 발

3 람에게 뇌물을 주어 저주하게 하였음이라 그러나 우리 하나님이 그 저주를 돌이켜 복이 되게 하셨다 하였는지라
3 백성이 이 율법을 듣고 곧 섞인 무리를 이스라엘 가운데에서 모두 분리하였느니라
4 이전에 우리 하나님의 전의 방을 맡은 제사장 엘리아십이 도비야와 연락이 있었으므로
5 도비야를 위하여 한 큰 방을 만들었으니 그 방은 원래 소제물과 유향과 그릇과 또 레위 사람들과 노래하는 자들과 문지기들에게 십일조로 주는 곡물과 새 포도주와 기름과 또 제사장들에게 주는 거제물을 두는 곳이라
6 그 때에는 내가 예루살렘에 있지 아니하였느니라 바벨론 왕 아닥사스다 삼십이년에 내가 왕에게 나아갔다가 며칠 후에 왕에게 말미를 청하고
7 예루살렘에 이르러서야 엘리아십이 도비야를 위하여 하나님의 전 뜰에 방을 만든 악한 일을 안지라
8 내가 심히 근심하여 도비야의 세간을 그 방 밖으로 다 내어 던지고
9 명령하여 그 방을 정결하게 하고 하나님의 전의 그릇과 소제물과 유향을 다시 그리로 들여놓았느니라
10 내가 또 알아본즉 레위 사람들이 받을 몫을 주지 아니하였으므로 그 직무를 행하는 레위 사람들과 노래하는 자들이 각각 자기 밭으로 도망하였기로
11 내가 모든 민장들을 꾸짖어 이르기를 하나님의 전이 어찌하여 버린 바 되었느냐 하고 곧 레위 사람을 불러 모아 다시 제자리에 세웠더니
12 이에 온 유다가 곡식과 새 포도주와 기름의 십일조를 가져다가 곳간에 들이므로
13 내가 제사장 셀레먀와 서기관 사독과 레위 사람 브다야를 창고지기로 삼고 맛다냐의 손자 삭굴의 아들 하난을 버금으로 삼았나니 이는 그들이 충직한 자로 인정됨이라 그 직분은 형제들에게 분배하는 일이었느니라
14 내 하나님이여 이 일로 말미암아 나를 기억하옵소서 내 하나님의 전과 그 모든 직무를 위하여 내가 행한 선한 일을 도말하지 마옵소서
15 그 때에 내가 본즉 유다에서 어떤 사람이 안식일에 술틀을 밟고 곡식단을 나귀에 실어 운반하며 포도주와 포도와 무화과와 여러 가지 짐을 지고 안식일에 예루살렘에 들어와서 음식물을 팔기로 그 날에 내가 경계하였고
16 또 두로 사람이 예루살렘에 살며 물고기와 각양 물건을 가져다가 안식일

에 예루살렘에서도 유다 자손에게 팔기로

17 내가 유다의 모든 귀인들을 꾸짖어 그들에게 이르기를 너희가 어찌 이 악을 행하여 안식일을 범하느냐

18 너희 조상들이 이같이 행하지 아니하였느냐 그래서 우리 하나님이 이 모든 재앙을 우리와 이 성읍에 내리신 것이 아니냐 그럼에도 불구하고 너희가 안식일을 범하여 진노가 이스라엘에게 더욱 심하게 임하도록 하는도다 하고

19 안식일 전 예루살렘 성문이 어두워갈 때에 내가 성문을 닫고 안식일이 지나기 전에는 열지 말라 하고 나를 따르는 종자 몇을 성문마다 세워 안식일에는 아무 짐도 들어오지 못하게 하였으므로

20 장사꾼들과 각양 물건 파는 자들이 한두 번 예루살렘 성 밖에서 자므로

21 내가 그들에게 경계하여 이르기를 너희가 어찌하여 성 밑에서 자느냐 다시 이같이 하면 내가 잡으리라 하였더니 그후부터는 안식일에 그들이 다시 오지 아니하였느니라

22 내가 또 레위 사람들에게 몸을 정결하게 하고 와서 성문을 지켜서 안식일을 거룩하게 하라 하였느니라 내 하나님이여 나를 위하여 이 일도 기억하시옵고 주의 크신 은혜대로 나를 아끼시옵소서

23 그 때에 내가 또 본즉 유다 사람이 아스돗과 암몬과 모압 여인을 맞아 아내로 삼았는데

24 그들의 자녀가 아스돗 방언을 절반쯤은 하여도 유다 방언은 못하니 그 하는 말이 각 족속의 방언이므로

25 내가 그들을 책망하고 저주하며 그들 중 몇 사람을 때리고 그들의 머리털을 뽑고 이르되 너희는 너희 딸들을 그들의 아들들에게 주지 말고 너희 아들들이나 너희를 위하여 그들의 딸을 데려오지 아니하겠다고 하나님을 가리켜 맹세하라 하고

26 또 이르기를 옛적에 이스라엘 왕 솔로몬이 이 일로 범죄하지 아니하였느냐 그는 많은 나라 중에 비길 왕이 없이 하나님의 사랑을 입은 자라 하나님이 그를 왕으로 삼아 온 이스라엘을 다스리게 하셨으나 이방 여인이 그를 범죄하게 하였나니

27 너희가 이방 여인을 아내로 맞아 이 모든 큰 악을 행하여 우리 하나님께 범죄하는 것을 우리가 어찌 용납하겠느냐

28 대제사장 엘리아십의 손자 요야다의 아들 하나가 호론 사람 산발랏의 사위가 되었으므로 내가 쫓아내어 나를 떠나게 하였느니라

29 　내 하나님이여 그들이 제사장의 직분을 더럽히고 제사장의 직분과 레위 사람에 대한 언약을 어겼사오니 그들을 기억하옵소서
30 　내가 이와 같이 그들에게 이방 사람을 떠나게 하여 그들을 깨끗하게 하고 또 제사장과 레위 사람의 반열을 세워 각각 자기의 일을 맡게 하고
31 　또 정한 기한에 나무와 처음 익은 것을 드리게 하였사오니 내 하나님이여 나를 기억하사 복을 주옵소서

섬기는 사람, 느헤미야

초판 발행 2007년 6월 25일
초판 13쇄 2019년 5월 30일
지은이 김형준
발행인 김수억
발행처 죠이선교회(등록 1980. 3. 8. 제5-75호)
홈페이지 www.joybooks.co.kr
주소 02576 서울특별시 동대문구 왕산로19바길 33
전화 (출판부) 925-0451
　　　　(죠이선교회 본부, 학원사역부, 해외사역부) 929-3652
　　　　(전문사역부) 921-0691
팩스 (02)923-3016
인쇄소 시난기획
제본소 진천제책사
판권소유 ⓒ죠이선교회
ISBN 978-89-421-0252-5 03230

책값은 뒤표지에 있습니다.
잘못된 도서는 교환하여 드립니다.
이 책의 내용을 허락 없이 옮겨 사용할 수 없습니다.